PSYCHO

W0075060

Rolf Bönnen

Ohne Maske leben

So befreien wir unser Ich

Wilhelm Heyne Verlag München

HEYNE PSYCHO
Band 17/30

Copyright © 1989 dieser Ausgabe
by Wilhelm Heyne Verlag GmbH & Co. KG, München
Printed in Germany 1989
Umschlagillustration und -gestaltung: Atelier Ingrid Schütz, München
Satz: Kort Satz GmbH, München
Druck und Bindung: Presse Druck Augsburg

ISBN 3-453-03361-2

Inhaltsverzeichnis

Eine unsanfte Vorbemerkung

Rudy ist von seiner Freundin verlassen worden. Er leidet nicht. Rudy hat das, was ihn mit Britta verband, Liebe genannt. Sie hat vorsichtshalber gar nichts gesagt. Wer schweigt, lügt nicht offensichtlich.

Jetzt ist Rudy mit einem Koffer unterwegs. Durch die zahllosen ›Scenes‹ einer großstädtischen Nacht. Immer im Blickfeld: der schrille Aufriß. Im Koffer: die passenden Requisiten und Accessoirs, die treffenden Sprüche und coolen Gesten. Jede Scene, jede Kneipe wird bedient. Beim Schickeria-Italiener erweist sich Rudy als gewitzter Hochstapler. Auf einer Vernissage mimt er den abgefahrenen Künstler. Die ersten Mißerfolge treiben ihn in ein Alternativ-Lokal: bei Müsli und Kräutertee mampft Rudy jede Menge Weltschmerz in die tauben Ohren sanftmütiger Tagträumer. Doch als Rudys Koffer entdeckt wird, hält man ihn für einen Polizeispitzel und setzt ihn unsanft auf die Straße. Nun versucht sich Rudy als draufgängerischer Yuppie in einer American Bar. Bei diversen Cocktails schwadroniert er über seine neuesten Devisentransaktionen und Börsentips. Aber auch das bringt ihm nur kurzfristig Beachtung. Als auch die Gigolo-Masche in der Vorstadt-Disco fehlschlägt, landet Rudy zermürbt in einer Absturzkneipe.

Rudy ist die Hauptfigur eines Theaterstücks, das vor zwei Jahren in München uraufgeführt wurde. Das Stück hat den Titel ›(oh, that's) masquerade‹, ich habe es mit einem Regiekollegen geschrieben, und es war ein ziemlicher Publikumserfolg. Ich fürchte, der Erfolg liegt daran, daß die Zuschauer sich über das tolpatschige Chamäleon Rudy köstlich amüsieren konnten. Zumal das Stück als musikalische Komödie angelegt war und Rudy mit einem Happy-End davonkam.

Dabei steht die Figur Rudy für eine Zeiterscheinung: den fixen, coolen, illusionslosen und wandlungsfähigen

Jedermann ohne ersichtliche Überzeugung und Idealismus.

Rudy ist Mitläufer, Konsument, unauffällig und umgänglich – aber ohne Kanten und Konturen, leer und belanglos. Rudy steht für uns. Jedenfalls die meisten von uns, die sich, ihr Selbst, ihre Persönlichkeit, hinter Masken verstecken und verschanzen.

Schauen wir nur in die Fußgängerzonen, in Cafés, Restaurants oder Diskotheken: gestylte Fassaden, verlorene Blicke ins Nichts; stumm, starr, unbewegt, fremd, so stehen wir uns nichtssagend gegenüber.

Wir haben in all unserer neudeutschen Sattheit das Kostbare und Wesentliche, nämlich unser Selbst, unsere Vielfalt und Einzigartigkeit, eingetauscht gegen den kurz blühenden Glanz und die nur vordergründige Sicherheit der Maskierung. Ein miserables Geschäft, bei dem wir unsere Gefühle geopfert haben, die kindhafte Sentimentalität genauso wie den erregten Schrei nach Lust und Glück. Was uns blieb, ist Gleichmaß und Eintönigkeit.

Natürlich hilft die Maske, Risiken im Umgang mit andern auszuschließen, denn jede Öffnung, jede Offenbarung zum Gegenüber ist nicht vor Mißbrauch gefeit. Aber heißt Leben ohne Risiko nicht Leben im Kriechgang? Sind unsere Masken nicht die Anker unserer alltäglichen Dumpfheit? Erfrieren wir nicht in der Eiswüste des Versteckens?

Aber Masken lassen sich ablegen, abschminken, vom Gesicht reißen. Daß es so ist, weiß jeder spätestens dann, wenn er in die Slums von Nairobi oder Kinshasa, die Armenviertel Haitis oder die Favelas von Bahia geschaut hat. Den Menschen, die dort in Armut, Krankheit und Hunger leben, schulden wir unendlichen Respekt und Bewunderung. Nicht allein, weil wir als Europäer, als Kolonialisten und Ausplünderer von Rohstoffen für ihr Schicksal verantwortlich sind. Mehr noch, weil sie uns lehren, wie Menschen sich dem Augenblick schenken, wie sie, die nichts zu geben haben als Nähe, Herzlichkeit und Wärme, den Freund wie den Fremden damit überreich beschenken.

Vielleicht bedarf es dieser Konfrontation mit der Gewißheit, daß unser Dasein nur eine Leihgabe ist, die jeden Moment zurückgefordert werden kann. Vielleicht müssen wir − die so kunstreich und gründlich verdrängen − erst wieder die Fähigkeit gewinnen, den Tod zu sehen. Denn in seinem Angesicht fällt jede Maske.

Wozu Masken dienen

Niemals zuvor in der Geschichte unserer Zivilisation waren wir einer derartigen Vielzahl von Anforderungen ausgesetzt, wie sie uns heute begegnen. Wir straucheln in diesem Dickicht an Komplexität. Vor hundert Jahren noch waren die Erwartungshaltungen an einen Bauern oder Fabrikarbeiter, einen Kontoristen oder Lehrer klar umrissen. Der Bauer hatte zu säen, zu ernten, die Eltern auf dem Altenteil zu ernähren, das Vieh vor Schaden zu bewahren, der Dorfgemeinschaft unentgeltliche Hilfeleistungen zu erbringen und sonntags und feiertags in die Kirche zu gehen. Er lebte nach dem Vorbild seines Vaters und den Bräuchen und unausgesprochenen Vorschriften der Gemeinschaft. Der Fabrikarbeiter produzierte und regenerierte, um weiter produzieren zu können. Möglicherweise hatte er hinreichendes Klassenbewußtsein, um sich gewerkschaftlich oder politisch zu betätigen. Das Wo und Wie stand dabei nicht zur Debatte. Die Familie brachte er durch, immer am Rande des Existenzminimums. Die Kinder gingen aus ökonomischer Notwendigkeit in die Fabrik. Die Frau sorgte für den Haushalt und ein Zubrot. Der Kontorist war angestellt, identifizierte sich bis zur Selbstaufgabe mit dem Firmeninhaber, ergab sich jeder Bestimmung über Alltag und Freizeit, im sicheren Bewußtsein, damit Kaiser, Gott und Reich zu dienen und in der Gnade von ›etwas Besserem‹ zu stehen. Der Lehrer darbte als Beamter, folgte den Vorgesetzten, schlug die Widerborstigen und las des Abends der Familie, was gerade genehm und bezahlbar war. Quer durch die Schichten, Klassen, Geschlechter und Altersstufen war das Dasein geregelt, bestimmt, war subjektiv wie öffentlich nachvollziehbar. Die Positionen und

Erwartungen waren eindeutig, zuwiderlaufendes Verhalten wurde mit sozialem Ausschluß geahndet.

Stellen wir dem das Beispiel einer durchschnittlichen Sekretärin heutzutage gegenüber, etwa um die dreißig, in einer größeren Firma. Was in ihrer Lebensgestaltung ist verbindlich, selbstverständlich? Soll sie Fred heiraten, der ihr Sicherheit verspricht und Mama so imponiert, oder Chris, den schnoddrig-coolen Hasardeur? Oder lieber ganz allein leben, mit oder ohne Kind, wie sich's grad ergibt? Vielleicht sollte sie für einige Zeit ins Ausland, ein bißchen an der Karriere basteln. Oder doch den Kram hinschmeißen und noch mal von vorn anfangen. Irgendwann wollte sie mal Medizin studieren − prinzipiell noch immer möglich. Andererseits hat Steffi gestern gemeint, ihre Bilder und Collagen seien grandios, sie solle ›irgendwas Künstlerisches‹ probieren...

Die Reihe der Möglichkeiten und Perspektiven, der Fragen und Zweifel ließe sich endlos fortsetzen. Wir können sie uns leicht zu Ende denken, betreffen sie uns doch hautnah. Denn wir alle können uns jederzeit frei, unabhängig, fast unverbindlich zu diesem oder jenem Tun entscheiden, es wieder verwerfen, uns erneut ausprobieren. Wir müssen uns nur dabei verantworten, die Konsequenzen tragen, für unsere Motive und Handlungen nach innen wie außen geradestehn. Wir können tausend Rollen spielen und in jede dieser Rollen zahllose Variationen verpacken − niemand wird uns das verbieten. Aber diese Unendlichkeit des Rollenrepertoires überfordert uns, die Verantwortung macht uns Angst.

Es ist, als würden wir aus allen Richtungen gerufen, als würde von überall an uns gezerrt. Dabei werden wir entweder reglos (das starre, angepaßte Kind), wütend (das trotzige Kind), hilflos (das traurige Kind) oder willfährig (das angepaßte Kind). So entsteht ein neues psychologisches Problem, das mit den herkömmlichen Kategorien von Psychose, Neurose und seelischer Funktionsfähigkeit nur unzureichend zu fassen ist.

Ich nenne es das *Chamäleon-Syndrom*. Der Betroffene ist häufig scheinbar vital, flexibel, er reagiert selten auffällig. Er ist im Regelfall auch weder schizo- noch paranoid, selten betont aggressiv oder als auffällig depressiv erkennbar. Das Chamäleon-Syndrom kann zwar mit neurotischen Störungen einhergehen, muß es aber nicht unbedingt. Dies ist recht einfach zu verstehen, da es sich nicht wie bei der Neurosebildung um ein primär frühkindliches Phänomen handelt (was heißt: in der frühesten Kindheit [der prägenitalen Entwicklung] wird zwar die Disposition, also die unbewußte Bereitschaft zum Chamäleon-Verhalten gelegt, etwa durch Verlust- oder Verlassenwerden-Ängste, aber nicht die jeweilige Erscheinungsform, die sich lebensphasentypisch zeigt), sondern eine Adaptionsstörung des Jugend- und Erwachsenenalters. Dabei spricht einiges für die Annahme einer überwiegenden Gleichzeitigkeit des Syndroms mit neurotischen Erscheinungsformen, da Anpassungskonflikte im Ich-Es-Über-Ich-Bereich zur Schein- oder Überanpassung zu veranlagen scheinen. Aber die Flucht ins Maskenspiel, der Versuch, auf jede Erwartung und Forderung mit Nachahmung/Imitation zu antworten, kann auch eine reine Reaktionsbildung sein, Ergebnis eines nur vordergründig gelungenen Lernprozesses.

Wer an diesem Verhalten leidet – oder noch schlimmer: nicht leidet – ist nicht krank oder therapiebedürftig. Er muß nicht einmal besonders unglücklich mit sich sein (jedenfalls eine Zeitlang, solange die Fassade nicht bröckelt). Das Wesentliche ist: er existiert ohne Identität dahin, das heißt blutleer, ohne sich. Er will lieben dürfen, gefallen, Gefühle ernten – aber es findet bestenfalls ein Austausch von Formen und Formeln statt. Die Beziehungen eines Menschen, der vom Chamäleon-Syndrom befallen ist, sind charakterlos und unspontan, reizlos, einfallslos und ohne Höhen. Er leugnet und vergewaltigt seinen Charakter, opfert ihn dem Anschein und verliert sich in den Spielchen, die er spielt.

Diese Menschen tragen ihre Masken hoffnungslos oder stolz, voller Beklemmung oder amüsiert, hartnäckig oder tageweise. Aber das schlimmste ist: diese Menschen sind wir. Das Chamäleon ist in jedem von uns. Wir alle scheitern an Lüge, Unaufrichtigkeit, Herumtaktieren mit Menschen und Beziehungen, wir alle leugnen unsere Sehnsüchte, Ängste und Hoffnungen. Wir nehmen das Kreuz unserer Maskierung auf uns, um weiter ungestört im Strom der Gefälligkeit schwimmen zu können – und ersticken daran.

Der Trick mit dem Fernglas

Wie wir gesehen haben, begegnen wir der Vielschichtigkeit unserer Wirklichkeit mit Rückzug. Wir können unser Umfeld nicht länger begreifen, wir sind ihm entfremdet. Und wie bei allem, was uns fremd erscheint und somit Furcht einflößt, greifen wir zu einem kognitiven (intellektuellen) Trick: wir denken uns die Welt zurecht. Was uns in unserem Weltbild stört, Details, die uns irritieren oder Gegenbeweise für erste Annahmen, übersehen wir einfach. Wir verengen die Welt auf die Perspektive des Fernrohrs. Ein typisches Beispiel: Kaum ein Westeuropäer unserer Tage hat sich längere Zeit in der UdSSR aufgehalten. Unsere Informationen sind trotz Glasnost immer noch spärlich. Aber, in unserem gesunden Halbwissen sind wir überzeugt: der russische Mensch hat eine tiefe Seele, ist melancholisch, trinkt und weint gern, ist bodenständig, bäurisch und dergleichen Weisheiten mehr. Die kommunistische Partei ist sein Unglück, die Apparatschiks sind böse und durchtrieben und jeder dieser Bonzen hat nur seine Datscha und seine Privilegien im Sinn...

Lernen wir versehentlich einen Russen kennen, der Alkohol verabscheut, ist uns klar, daß der Mann schwer krank ist. Ein Sowjetbürger, der sich als kühler Techno-

15

krat gibt, läßt uns mißtrauisch werden. Und ein Parteifunktionär, der sich als reizender Mensch herausstellt und aus tiefster Überzeugung Kommunist ist, keine Datscha besitzt und dem Westen skeptisch gegenübersteht, ist in unseren Augen ein verblendeter Trottel. Dutzende und hunderte gegenteiliger Erfahrungen können uns gewöhnlich nicht von einmal eingefahrenen Vorurteilen befreien. Wir klammern uns an die Hirngespinste und Halbwahrheiten, um uns in unserem Bewußtsein überhaupt zurechtzufinden.

Würden wir, wie ein Wissenschaftler, akribisch jede Information sammeln, jedem Argument, jeder scheinbar auf der Hand liegenden Erklärung nachforschen, immer und immer wieder Beweise für Behauptungen suchen und sie so lange als Annahme stehen lassen, bis sie unwiderlegbar sind – wir kämen schon rein zeitlich zu keinem Entschluß mehr, zu keiner Meinung und kaum einer Aussage. Also vergröbern wir, legen uns die Fakten so aus, wie es uns gerade ins Konzept paßt und legen einen Raster über die Wirklichkeit, in das wir alles und jedermann zwängen. Dabei wirkt der Raster gleichzeitig wie ein Sieb: Details, die nicht zum Gesamtbild passen, fallen hindurch.

Wie praktisch sind Schubladen?

Unser Alltag ist nur möglich und gestaltbar, indem wir uns ständig auf eine Unzahl von Voraussetzungen blind verlassen. Wir drehen den Wasserhahn auf und gehen davon aus, daß die gewünschte Menge Wasser herausfließt. Wir gehen zum Kaufmann um die Ecke und sind sicher, daß man uns die Waren verkauft, die wir verlangen und schon immer zu kaufen pflegen. Wir erwarten unsere Partner in den gewohnten Stimmungen und Ambientes, wenn wir von der Arbeit heimkommen. Wenn wir etwa unsere Frau als biedere Hausfrau und Mutter am Morgen verlassen haben, wären wir mehr als überrascht, wenn uns abends ein Vamp auf der Chaiselongue erwartete. Und eine Managerwitwe rechnet schlichtweg nicht damit, daß eines Tages ein quietschvergnügter Hippie erscheint und freudestrahlend erklärt, er mache sich jetzt auf den Trip nach Goa.

Wir ordnen unser Dasein in überschaubare Bereiche. Die unmittelbare Nähe, in der wir uns auskennen, uns wohlfühlen, wo wir mitentscheiden, bestimmen, beeinflussen, man uns Liebe und Achtung entgegenbringt: den Bereich der Partnerschaft, Familie, der unmittelbaren Berufskollegen. Hier kennen, können und wissen wir (fast) alles, was uns betrifft und bewegt, aus eigener Anschauung. Wir vertrauen unseren Partnern, Kindern, Eltern und Freunden, das heißt, wir schlußfolgern aus angenehmen, lustvollen oder beruhigenden Erfahrungen, daß diese sich beliebig fortsetzen. Wir erleben mit, sind eingebunden, erhalten Rückantwort auf unsere Meinungen und Verhaltensweisen. Wir können weitgehend auf Vermutungen, Unterstellungen, riskante Einschätzungen verzichten – glauben wir zumindest, solange die Routinen nicht gebrochen werden. Dann nämlich erweist sich die Nähe als Falle. Hier, in diesem Bereich fußt Interaktion, zwischenmenschliches Handeln, auf den Regeln des Vertrauens, der Maskenlosigkeit. Stillschweigend versprechen wir Menschen, die wir an uns heranlassen, sie nicht mit einer Fassade abzuspeisen. Ein Bruch dieses Versprechens bedeutet emotional Trennung. Etwa die Scheidung bei Paaren, wenn einer der Beteiligten hinter der Fassade des aufopfernden Familienvaters ein heimliches Doppelleben führte: als Liebhaber, Spieler, Krimineller oder ähnliches.

Neben diesem Bereich der unmittelbaren Nähe pflegen wir einen weiteren, den der bedingten Erreichbarkeit: Bekannte, entferntere Kollegen in anderen Abteilungen oder Zweigstellen, Vorgesetzte, ehemalige Schulfreunde oder frühere Liebschaften – Menschen, zu denen wir ein Gruß- und Anekdotenverhältnis haben. Der Kontakt ist distanziert, bleibt in der Balance des üblichen Austauschs von Höflichkeiten und Floskeln. Man bleibt bedeckt und neigt nicht zu Vertrauensseligkeit. Aber stets ist die prinzipielle Chance der erheblichen Näherung da: aus Bekannten können Freunde, Vertraute oder Sexualpartner werden. Dies geschieht in Momenten, wo die Fassade zum anderen durchbrochen wird, sei es aus einer Notsituation heraus (›jemand ins Vertrauen ziehen‹, ›sich mal aussprechen müssen‹) oder einer Laune (das ›Du‹ anbieten, sich unter Alkoholeinfluß ›verbrüdern‹). Dann vereinbaren wir unausgesprochen, daß wir uns dem anderen öffnen, ihn ein Stück in unsere Lebens- und Vorstellungswelt hineinlassen. Wir werden uns bemüht sehen, ihn nicht länger zu ignorieren (= mit Höflichkeit abspeisen), an die Oberfläche zu binden (Er/Sie hat jetzt ein ›Recht‹ auf Vertrauensbeweise, Blicke in unser Inneres). Wir lüften − wenn auch nicht auf Anhieb vorbehaltlos − unsere Maske und fangen an zu unterstellen, daß auch wir hinter die Maske des anderen zu blicken vermögen. Wir sagen: »Ich kenne ihn besser«, oder »Ich weiß über Sie Bescheid«. Wir teilen Vertrauen und Verantwortung, die Informationen machen uns zu Komplizen. In einen dritten Bereich, dem der theoretischen Erreichbarkeit, ordnen wir alles Fremde ein: die Menschen anderer Völker, Länder, auch weit von unserem Alltag entfernte soziale Schichten und Gruppen. Hier ist die Ebene der Mutmaßungen, der spärlichen Informationen, die wir uns zu Klischees zusammenreimen. Die gefühlsmäßige Beteiligung zu Menschen in diesem Feld der nur theoretischen Erreichbarkeit ist gering und auf Basisemotionen begrenzt. Wir können bei Naturkatastrophen, von denen die Medien berichten, nur ein äußerst dumpfes Bedauern empfinden, unsere Sensibilität ist auf die Bereiche der Nähe und der bedingten Erreichbarkeit geeicht. Wir spenden oder schauen weg − aber wenn wir von Mitleid (also Mit-den-Betroffenen-Leiden) sprechen, projizieren wir Ideale moralischer oder religiöser Natur auf unser

Selbst. In diesem Bereich können wir gewöhnlich von einer inneren Apathie ausgehen. Typisch dafür ist, daß wir nicht mit, sondern über jemand reden, daß wir unsere Gefühle zu Menschen dieses Bereichs nicht beschreiben oder mit Bildern füllen können. Wir können nur das Hörensagen wiedergeben, kommentieren und mit Bewußtsein und Regungen besetzen, die nichts über das Beschriebene aussagen, sondern ausschließlich von unseren eigenen Erlebnissen, Erfahrungen, Ängsten, Träumen und Verdrängungen sprechen. Wenn der Bürger der viktorianischen Epoche die ›Wilden‹ als sexuell aggressiv und hyperaktiv schilderte, so reportierte er damit nur eine Wirklichkeit: die seiner Sexualängste, der Prüderie und Verschiebungen auf Ersatzobjekte. In diesem Bereich werden die Masken, die Abziehbilder, zum Ersatz für persönliche Erfahrungen. Wir codieren die Summe unserer Unterstellungen zu einer Chiffre, einem Abziehbild — eben einer Schublade, in der wir kein Gegenüber fangen, sondern Ausdrücke unseres Selbst.

Ein letzter Bereich bildet sich in der Sphäre des für uns Unzugänglichen ab: dem Ghetto der Sehnsüchte. Die Stars und Herrscher, von denen manche Medien leben, sind uns emotional seltsamerweise näher als die Menschen im Bereich des theoretisch Erreichbaren. Ganz einfach, weil hier unsere Idealisierungen, unsere Traum-Ichs greifen. Wir identifizieren uns mit den Idolen, hinterfragen die Masken nicht, spielen das Spiel des ›Nicht-am-Lack-Kratzens‹. Wir werten die größtmögliche Distanz zur Nähe um — was uns gelingt, weil hier kein Realitätsprinzip Regeln setzt. Im Unzugänglichen lernt unsere Phantasie die Maske doppelt schätzen: als Technik der Illusion und Täuschung und als Muster für unsere Imitationen. Wir unterstellen den Idolen all die Eigenschaften, die wir an uns vermissen. Wir glauben daran, daß sie all die Liebe und Aufmerksamkeit bekommen, die uns vorenthalten wird. Wie gelingt es diesen Vorbildern, das zu erreichen, was uns mangelt? Wir wissen es nicht, alle Informationen kommen aus zweiter oder dritter Hand und unzuverlässigen Quellen. Also müssen wir mit dem vorliebnehmen, was wir sehen und ahnen können – die Eigenschaften der Stars werden unsere Richtschnur. Und zwar um so eindeutiger, je stärker sie mit Schädigungen und Defiziten unseres unbewußten Selbst korrespondieren. Wir kleben an unseren verdrängten Deformationen und damit an den Leitbildern der Erfolgssymbole. Wir können bei den Idolen ja keinen Alltag beobachten, keine detaillierte Biografie erkennen. Wir kennen nicht die Bruchstellen im Ich unserer Helden. Wir leihen uns die Stärken und die Bedeutungsmarken aus, ohne sie auf Wahrheit überprüfen zu können. Wir leben aus der Suggestion und dem Surrogat. Wir geben uns wie Bogart, Rambo, Lady Diana oder Isabelle Adjani – und nur selten wird unsere Idylle so durchbrochen, unsere Anleihe am scheinbaren Leben so bitter quittiert, wie bei einer Marylin Monroe, die eines Tages ihre Maske abwirft, sich in den Tod stürzt und uns auf unser Ego zurückwirft.

Spätestens bei solchen Ereignissen merken wir, wie fadenscheinig unsere Einschätzung anderer ist, wenn wir nicht jede Kategorisierung, die Bequemlichkeit der Sortierung in Schubladen aufgeben – sonst werden wir getäuscht vom Chamäleon in uns und enttäuscht vom Wesen hinter der Maske. Die Attribute und Etiketten, die wir dem Gegenüber oder dem Fremden anheften, sprachlich oder als bildliche Assoziation, sind Fallstricke, Schlingen um unseren eigenen Hals. Wenn wir möglichst rasch und unreflektiert mit Begriffen wie: gut, schlecht, häßlich, zuverlässig, faul, gerecht, labil, unverschämt, laut, lebenslustig oder verklemmt operieren, halten wir uns die Nähe vom Leib und flüchten uns in die Welt der Idole und Projektionen. Wir brauchen die Verlängerung gemachter Erfahrungen zu Annahmen von Gewißheit zwar, um in der Unzahl von Reizen und Signalen überhaupt handeln zu können – aber wir schließen dabei ständig Kontrakte mit unserem

Ich: unserem Bewußtsein von der Möglichkeit zur Differenzierung und der kindlichen Freude an Neugier und Experiment stehlen wir unsere Energien, um sie der Bequemlichkeit des anscheinend Zuverlässigen zu opfern. Für unsere trügerische Ruhe zahlen wir den höchsten Preis: Fremdheit und Ferne — so wie die Maske Instrument zum Umgang mit dem Unbekannten ist, bedingt ihr Einsatz auch Distanz. Oder vereinfacht gesagt: Masken machen einsam.

Aber, wenn wir um die Probleme der Maske* bei menschlicher Kommunikation so genau wissen, warum benützen wir sie dann? Wir haben gesehen, daß sie Handeln ermöglicht und Kommunikationspartner sortiert. Wenn es also plausible Gründe für die Maske beim anderen (die wirkliche oder zugeschriebene) gibt, so bleibt doch offen, warum wir uns Masken aufziehen. Allerdings gaben uns unsere Überlegungen zum Idol hier erste Hinweise, die wir jetzt etwas systematisieren wollen.

Individualität mittels Maske – im Ghetto des Scheinbaren

Prominente legen sich — wie Industriefirmen — ein ›Image‹ zu. Es macht sie einzig, unverwechselbar, im Regelfall auch sympathisch. Das Wesentliche ist aber der Wiedererkennungswert. Ich sehe eine bestimmte Haarsträhne und weiß: das ist Elvis Presley. Oder eine bestimmte Frisur und kann sicher sein: die Beatles. Oder ein besonders schnoddriges Sprachmuster: Eddie Murphy oder auch Bette Middler. Der Star legt sich — er muß es, denn wir erwarten es von ihm — so viele Attribute der Individualität zu, bis er ein markantes Image hat. Und nur

_____
* Wir werden später zwischen der nach außen gerichteten Maskierung und der Maske zum Selbst unterscheiden — vorerst dient ›Maske‹ als allgemeiner Oberbegriff.

noch kopiert werden kann. Mit schwarzem Leder, Nieten, Make-up im Gesicht, schwarzgelacktem Haar, tänzelndem Gang und outrierter Gestik mache ich ›auf Michael Jackson‹. Mit der Benutzung seiner Symbole verweise ich auf ihn, trage als Kopie noch zu seiner Popularität bei. Im Extremfall bewirkt meine Selbstaufgabe nichts für mich, aber kostenlose Publicity für ihn. So kommt es zu einem Paradoxon, das uns zwar auf den ersten Blick einsichtig erscheint, aber rational leichter zu durchschauen ist, als im Alltagsverhalten zu steuern. Wir fühlen in unserer Massengesellschaft, daß der einzige, nicht beliebig käufliche Wert Individualität ist. Wer sich originell gibt, ist kein Rädchen des großen Getriebes. Er zeigt Geschmack, ragt aus der Gleichförmigkeit heraus. Aber meist ist die zur Schau gestellte Individualität nichts als der Nachklang von Moden, die massenweise Orientierung an Idolen. Die Symbole unserer Einzigkeit sind eben auch Industrieprodukte. Unser Haarschnitt, unsere Kleidung, die Accessoirs sind vorgefertigte Image-Schemata. Die einzige Originalität ist die Kombination der Versatzstücke des allgemein gültigen Fundus. Und je eindeutiger wir einem Image, einer sozialen Norm nachhängen, um so mehr geben wir uns auf, verlassen unsere Identität.

Selten zuvor war der soziale Zwang zur Anpassung so stark und gleichzeitig so kaschiert. Man wehrt sich dagegen, im Trott zu marschieren. Die Hochglanzpostillen der Mode- und Kosmetikindustrie hämmern uns den Slogan ein: »Sei schön, umgib dich mit Kostbarem, orientiere dich an der Haute couture, greif zu den Symbolen des Jet Set.« Dabei laufen wir aber stets dem Trend hinterher. Wenn die Marke erst einmal für uns verfügbar geworden ist, erschwinglich und bekannt, haben sich die sogenannten Trendsetter längst von ihr abgesetzt. Wer sich den Kitzel seines Ego mit einer bestimmten Ledermarke, einem Krokodil auf dem Pulli, einer Krone auf der Uhr oder Firmensignets auf der Handtasche zu sichern denkt, ist längst zur lächerlichen und von den ›Insidern‹ belächelten Figur geworden. Die Meinungsmacher setzen sich rechtzeitig auf einen neuen Trend ab. Der Glaube an eine Demokratisierbarkeit des guten Geschmacks, des Prestiges, das Modeattribute versprechen, ist eine Fiktion, eine Fata Morgana, die den Umsatz hebt.

Individualität läßt sich nicht beweisen. Oder genauer gesagt: ein Image ist nur scheinbar Ausdruck von Individualität. In Wirklichkeit ist es Signal infantiler Schwäche. Als Kinder haben wir gelernt, uns an dem zu orientieren, was die Erwachsenen, speziell unsere Vater- und Muttergestalten, uns als Leitbilder vorgaben. Für Gehorsam wurden wir belohnt: mit Nahrung, Liebe, Verständnis, Abwesenheit von Strafe. Und immer noch gelingt es uns nur selten, unser soziales Über-Ich abzuwehren. Wir wollen gefallen, umgeben uns mit Dingen, Menschen, Symbolen, die ein Bild von uns zaubern, dem wir unterstellen, es bringe uns eben diese Achtung, Liebe, Nähe, die uns mit den Eltern verband. Aber das Image, die Routine der Äußerlichkeiten, trennt uns von unserem Selbst. Mit jedem Schritt zu einer dieser Gefallformeln werden wir uns fremder, verlieren ein Stück unserer tiefinneren Träume, Obsessionen, Überzeugungen. So werden wir sozial verfügbar und optisch einschätzbar. Wir werden unser Schein, sperren uns selbst ins Ghetto des Scheinbaren. Wir opfern unsere Gefühls- und Erlebnisfähigkeit der oberflächlichen sozialen Akzeptanz. Diese Entwicklung und das Leiden unzähliger Menschen (vor allem Frauen) an der Unfähigkeit, den gesetzten ästhetischen Standards zu genügen, sind eine bedrückende Zeiterscheinung der achtziger Jahre. Der Mensch wird in der postmodernen Warengesellschaft zusehends auf den Anschein reduziert. Und wir vergessen, daß man Persönlichkeit und Ausstrahlung nicht kaufen kann.

Uniform und Symbol

Warum opfern wir die Einzigkeit unserer Persönlichkeit, unsere Identität den Posen des ›Ich mache mit, bin dabei‹? Warum ertragen wir, daß man uns auf unser Äußeres reduziert? Und warum begegnen wir anderen auf dieser Ebene?

Sozialpsychologisch greifen hier die Mechanismen von Macht, Status und Hierarchie. Vor einigen hundert Jahren ergab sich der gesellschaftliche Wert eines Menschen aus seiner Abstammung. War er von Adel, so standen ihm unzählige Privilegien zu, deren Gebrauch er schon in der frühkindlichen Erziehung vermittelt bekam. Im Prozeß der Sozialisation, das heißt der Angleichung an die allgemein verbindlichen Muster, wurde ihm sein Rang in der menschlichen Hackordnung deutlich.

Dieser Rang war zeitlebens bindend. Es gab nahezu keine Möglichkeit der sozialen Degradierung – und umgekehrt fast keine Chance zum sozialen Aufstieg. Von der Wiege bis zum Grab waren Macht und Ohnmacht des einzelnen festgeschrieben. Entsprechend dieser Sicherheit gab sich jede Gruppe, jeder ›Stand‹, Regeln und Kriterien, die die Geltung innerhalb des Standes festlegten. Für den Kaufmann war Verhandlungsgeschick, rechnerisches Talent, ein imposantes Auftreten, Manieren und die allgemeine Annahme, daß er zu seinem einmal gegebenen Wort steht, ausschlaggebend. Der Rang eines Handwerkers in der Gilde bestimmte sich aus seiner Fingerfertigkeit, dem akkuraten Umgang mit den Materialien, der geschickten Zeiteinteilung bei der Produktion des Werkstücks und ähnlichen Faktoren. Eine gute Magd war kräftig, zuverlässig, gottesfürchtig und dem Gutsbesitzer treu ergeben. Alle diese Eigenschaften wurden mündlich überliefert. Die Meinung des Dorfes, der Gilde, der Kaufmannsgesellschaft bestimmte die Position in der Gruppe. Ob man ein guter Schuhmacher ist oder gute Wurst herstellt, läßt sich fühlen oder schmecken. Und wer die beste Wurst machte und sich nicht als sozial auffällig erwies (also dem Klatsch als Opfer diente), galt etwas. Status, also der Platz in der Hierarchie der Gruppe, war weitgehend von Leistung und Achtung (das bedeutet möglichst enge Bindung an die Gruppe) abhängig.

Die Macht und das Ansehen waren, was die gesamte Gesellschaft anging, demnach recht eindeutig verteilt. Die Symbole der Macht waren exakt zugeordnet und nicht außerhalb einer Gruppe oder Schicht verfügbar. Krone und Zepter standen eben nur dem Adel zu. Und die Zunftkrägen der Kaufleute durften ausschließlich sie tragen. In manchen Ländern war es etwa auch nur dem Adel erlaubt, Bärte zu tragen, oder sich die Haare wachsen zu lassen (daher der ›Gescherte‹). Das Charivari des Bauern stand nur dem freien Bauern zu. Aber nicht nur, was jemand anziehen durfte, war festgelegt, auch was er sagen und können durfte, stand fest. Die Fähigkeit zu lesen war der Geistlichkeit und den Vornehmen vorbehalten. Im Gebrauch von Degen oder Säbeln übte sich nur der Adel. Der Mensch wurde mit genauen Titeln angeredet: ob jemand Baron oder Magister, Scholar oder Zunftmeister, Bauer oder Großknecht war, bekam er täglich unentwegt zu hören. Das Feudalsystem war symbolisch bis aufs kleinste geregelt.

Erst mit den vorbürgerlichen Revolutionen in den USA, in Frankreich und im deutschen Vormärz bröckelte die Gewißheit der Hierarchien und damit der hierarchischen Symbole. Die Ideen von ›Freiheit, Gleichheit und Brüderlichkeit‹ vertrugen sich eher schlecht mit abgrenzenden Äußerlichkeiten (obwohl sich Gruppen wie die Jakobiner ihre Uniformen schufen und sich so rasch wieder als Kaste absetzten). Die feste Ordnung der Farben, Formen und Stoffe weichte auf. Es entstanden Moden. Man konnte erstmals zeigen, wie man gesehen werden wollte (wenn auch nicht beliebig: der sogenannte Anstand war schon zu wahren). Man konnte bei den Signalen, die den Stand in der sozialen Ordnung belegen, ein wenig schummeln: der Dandy entstand, die femme fatale. Die Chance zur äußeren Maskerade kam auf — und mit ihr die immer perfektere Möglichkeit zur inneren Maske und zum Chamäleonspiel mit den anderen.

Lediglich in Entwicklungsländern oder bei sogenannten ›primitiven‹ Kulturen (die uns beiläufig in ihrer emotionalen und sozialen Struktur häufig haushoch überlegen sind) kennen wir noch — etwa in Indien — feste Kastenzeichen.

In unseren demokratischen Gesellschaften können wir ungestraft Macht und Stellung vorgaukeln, uns auf einen bevorzugten Platz in der Rangordnung lügen, ohne dafür geächtet oder ausgestoßen zu werden. Nicht das System leidet oder zerbricht am Hochstapler — der Hochstapler zerbricht an den Zwängen, denen er sich in seinem Nimbusgebäude unterwirft.

Das Leben als Spiel mit fester Besetzung

Wenden wir uns nun der Frage zu, wie wir unser Leben gestalten, planen, formen und erleben.

Wir gehen mit unserem Dasein wie mit einer Theaterproduktion um. Dabei übernehmen wir allerdings im Unterschied zur professionellen Bühne alle Rollen. Unsere Phantasie schreibt das Stück. Unsere frühen Prägungen entscheiden darüber, ob es eine Komödie, eine Tragödie, eine Revue wird, und wo die dramaturgischen Verknüpfungen, die Intrigen und Höhepunkte liegen. Wir sind unsere mehr oder weniger talentierten Regisseure und spielen selbstverständlich die Hauptrolle in dem Stück, das wir Leben nennen. Als Regisseur besetzen wir die Rollen der Mitspieler. Wir leuchten aber auch aus, kümmern uns um die Requisiten, besetzen um und kümmern uns um Zuschauer, denen wir auch noch die Plätze zuweisen. Mit diesem Theater unseres Lebens, unserem inneren Spielplan, müssen wir uns nunmehr näher befassen, wenn wir dem Phänomen unserer Maske näherkommen wollen.

Das Script

Als Autoren schreiben wir das Drehbuch unseres Lebens. Dazu benutzen wir unsere Träume und Phantasien. Schon als Kinder jonglieren wir mit der Vorstellung, ob wir Lokomotivführer, Dschungelforscher, Ärztin, Vater oder Nonne werden wollen. Unseren Traumszenarios sind keine Grenzen gesetzt. Wir brauchen sie auch mit niemandem teilen. Es sind und bleiben unsere Geheimnisse. Entscheidend ist, daß jeder Mensch sich gelegentlich der Realität in Tagträume entzieht, und daß diese Träume unsere Vorstellungen und Leitbilder bestimmen. Wir verfügen über unzählige Szenen, Dialoge, Bilder und Handlungsorte unseres Lebensscripts — das geheime Drehbuch unseres Daseins ist ständig parat. Ohne daß wir es veröffentlichen oder auch nur andauernd bewußt haben, setzen wir Aktionen, motiviert aus der Suche nach Erfüllung der Szenen und Begegnungen unseres inneren Drehbuchs.

Leider ist nicht jeder von uns ein begnadeter Autor. Manche werden einfach nicht originell, bleiben an Klischees, Kitsch und Standardgeschichten kleben. Ihre Phantasie reicht nicht aus (das heißt, sie begegnen der Furcht vor der inneren Macht der Phantasie nicht mit ausreichender Energie), sie bauen sich ihr Lebensscript auf grundsoliden, trockenen Bohlen. Vor kurzem erklärte mir eine junge Frau, sie habe keine Träume. Sie sei nicht imstande, sich ein anderes Leben vorzustellen, als den Alltag, unter dem sie jetzt leidet. Je mehr ich ihre Gegenwehr provozierte, indem ich ihr erklärte, daß ich ihr genausowenig glaube, wie sie sich, um so aggressiver wurde sie — aber sie blieb dabei: sie hatte keine Träume oder Sehnsüchte. Diese Frau war ausgetrocknet. Sie atmete kaum wahrnehmbar, zeigte sich verschämt und hoffnungslos. Sie verdeutlichte mir, daß ein Mensch, der aufhört, sich ein Lebenskonzept – sein Stück – zu erträumen, seelisch oder psychosomatisch krank werden muß. Wer den Verkrustungen der Wirklichkeit kein beflügelndes Lebensscript entgegensetzt (was nur heißen kann: jeden Ansatz einer Lebensphantasie blockiert oder verdrängt), nimmt sich nicht wichtig genug, sieht sich nicht als verantwortlicher Mittelpunkt seines Lebens.

Das andere Extrem ist der ›Autor‹ eines Lebensscripts, der sich in Phantastereien verliert, an Stoffen arbeitet, die mit keiner Realität mehr zu vermitteln sind, der sich in Privatmythen von der Begriffssphäre der anderen abschottet. Ein Beispiel ist der erfolglose Geschäftsmann, der sich zwanghaft als Finanzgenie unmittelbar vor dem Durchbruch sieht und hinstellt und seine manischen Spekulationen benutzt, um den konkreten Problemen seiner Situation grundsätzlich aus dem Weg zu gehen.

Dazwischen befindet sich das Gros mehr oder weniger Talentierter, die frühzeitig einen Stückentwurf gemacht haben, an dessen Umsetzung sie lebenslänglich basteln; mit kleineren Korrekturen, der Hoffnung auf das unkalkulierbare Glück, aber doch im unauffälligen Rahmen: nicht die große Oper, nicht die Schicksalstragödie, eher das naturalistische Kammerspiel mit festem Bühnenbild und überschaubarer Besetzung, abschätzbaren Höhen, Tiefen und Verwicklungen.

Jedes dieser Lebensscripts benutzt die Maske. Denn als Autor teilen wir die Welt in Genres und ›Rollenfächer‹ ein, die durch bestimmte Merkmale und Verhaltensweisen kenntlich werden.

Ähnlich wie im Theater gibt es ein Arsenal von Rollen, Typen und Chargen, auf das wir uns in unserem Lebensdrehbuch stützen: es gibt die Guten und Bösen, die Wichtigen, denen wir Monologe zugestehen, die Randfiguren, die wir mit einigen Worten bedenken. Wir teilen die Welt auf in Liebhaber, Intriganten, Naive, blindwütige Helden,

Propheten, Buffos und Dienstboten, und gelegentlich legen wir uns einen ganzen Chor von Stimmen zu, der uns mit Kernsätzen bedient. Dabei nehmen wir ständig neue Rollen ein und schreiben entsprechend die Rollen unserer Partner um. Freilich können wir erst dann stimmig besetzen und inszenieren, wenn wir unsere Position gefunden haben, und unsere Mitspieler aktiv um uns gruppieren, wie das Beispiel einer Fünfundzwanzigjährigen zeigt, die unter der Unfähigkeit leidet, eine dauerhafte Beziehung zu Männern herzustellen. Sie ist mit einer überdominanten Vaterfigur aufgewachsen, von der sie sich erdrückt fühlt. Als Kind war sie ein ausgesprochen häßliches Mädchen, zudem bei ihren Mitschülerinnen unbeliebt. Sie zog sich auf die Rolle der Weisen zurück, studierte unentwegt Bücher jeder Couleur, versuchte ihre Überlegenheit im Wissen zu beweisen. In ihren Wunschträumen sah sie sich als stets gefragte, gebildete Frau im Mittelpunkt des öffentlichen Interesses. Sie spielte immer wieder das Stück: »Ich sitze in meiner Bibliothek und Reporter kommen, um von mir die Lösung erheblicher philosophischer Probleme zu erfragen.« Dabei war ihr letztlich die äußere Bedeutung, die Anerkennung, das Buhlen um ihr Wissen das Zentrale. Als sie mit ihrer Belesenheit, den guten Schulnoten, der Kompetenz auf fast allen Gebieten immer noch keine Bestätigung – speziell nicht von seiten des Vaters, der als Industriemanager durch die Welt reiste – bekommen konnte, erfand sie ein neues Stück. Es war ein Horrorstreifen, in dem sie Männer so lange provozierte, bis sie sie verletzten, verbal oder physisch. Aber auch diese Rolle des Opferlamms schenkte ihr keine Bedeutung. Inzwischen war aus dem häßlichen Entchen eine ansprechende Frau geworden. Aber das war in dem Fall nicht entscheidend. Sie suchte den Beweis und schaffte es tatsächlich, einige kleine Aufträge als Fotomodell zu erhalten. Aber da es sich um Kaufhauswerbung oder Modenschauen in der Provinz handelte, fiel sie wieder ins Loch der Anonymität. Spätestens ab diesem Zeitpunkt fühlte sie sich verkannt, ausgenutzt, betrogen. Und immer heftiger wollte sie es ›allen zeigen‹. Rache war die Triebfeder ihrer Lebensscripts geworden. Sie hörte auf, sich mit Männern, die ihr begegneten, auseinanderzusetzen. Sie nahm sie nicht mehr als Person wahr, nur noch als Funktion. Ein attraktiver Beau taugte als Liebhaber für eine Nacht. Eine lokale Berühmtheit als Aushängeschild für einen Restaurantbesuch. Und in ihren Träumen bastelte sie sich den Magier zurecht, der sie erlöste. Sie schrieb den Partnern immer größere Rollen, die diese gar nicht mehr ausfüllen konnten − und sie verkam zur Nebenfigur, zur Entsprechung ihrer Helden oder Clowns.

Aber jedes Stück sprach nur von einem Thema: Bitte mögt mich, akzeptiert mich. Ihr Fehler war, daß sie immer neue Geschehnisse ersann, regelrecht süchtig nach äußeren Ereignissen wurde. Sie schlüpfte in immer neue Gestalten und Verkleidungen, probierte immer neue Texte, gab sich immer exotischere Bühnenpartner − aber sie drückte sich darum, an ihrer eigenen Rolle zu arbeiten, am Inhalt ihres Scripts. Sie blieb bei der äußeren Form hängen. Sie traf keine Männer, sondern Zuschreibungsbündel. Sie war einsam und jedes neue Stück, das sie als Leben schrieb, führte zu diesem gleichen Ergebnis.

Ein solches Verhalten scheinbarer Aktivität und Gestaltung beinhaltet zweierlei: Autosuggestion statt Wahrnahme und die Neigung, die Wirklichkeit zu überspielen, statt sie anzunehmen und sich ›leben zu lassen‹.

Ich suche meine Rolle
Leben ist Gestaltung und Selbstausdruck. Aber in der Balance von Voraussetzung und Möglichkeit. Ich kann um mich schauen, zuhören und mich in andere einfühlen, um festzustellen, wie ich auf meine Gegenüber wirke, und was sie mir mitteilen. Ich kann aber auch in eine Traumwelt steigen und Rollen austeilen, unabhängig davon, ob ande-

re in die Rolle hineinschlüpfen möchten, die ich ihnen zudenke und ob mir der Schuh paßt, den ich mir anziehe.

Dazu neigen wir fatalerweise leicht. Nehmen wir an, ich bin als Mann eher zart, kleinwüchsig, unbeholfen, schutzheischend. Als Kind gelingt es mir nicht, mich durchzusetzen. Also beginne ich, ein Ideal-Ich zu konstruieren. Vermutlich entscheide ich mich dazu, das Gegenteil von dem zu wollen, was ich als schlecht kennengelernt habe. Als Kind differenziere ich noch nicht hinreichend. Ich pendle zwischen Extremen, aus Trotz wie aus Ziellosigkeit. Also nehme ich – das betont schwächliche Kind – mir einen John-Wayne-Typ zum Vorbild. Ich drücke auf meine Stimme, um einen Baß zu erreichen. Ich trainiere meine Muskeln, kleide mich in Sachen, die mir ein markant-männliches Erscheinungsbild geben. Ich beginne zu rauchen und zu trinken... Nur, ich erreiche keinen Baß, sondern ein tieferes, unsicheres Quäken. Meine Muskeln lasten wie Fremdkörper auf mir, wie ein Panzer. Die Kleidung kann meinem Typ widersprechen, statt ihn zu unterstreichen, ihn karikieren. Der Alkohol und das Nikotin belasten meine Gesundheit und wirken möglicherweise gewollt und aufgesetzt – ich erreiche das Gegenteil von dem, was ich ausstrahlen will. Da ich aber auf dieses Ideal-Ich fixiert bin, muß ich negative Reaktionen meiner Umwelt umdeuten: die anderen sind zu blöd, mich zu erkennen, sie beschäftigen sich nicht genug mit mir, sie sind neidisch oder hassen mich – eine Menge derartiger Erklärungen stehen mir zur Verfügung. Und da solche vorgefaßten Erklärungen wie sich selbst erfüllende Prophezeiungen wirken, wird auch meist das eintreffen, was ich unbewußt suche. Ich werde dem andern schon so fremdelnd begegnen, daß er mir mißtrauisch entgegenkommt. Es gelingt mir leicht, die Ablehnung herauszulocken, vor der ich mich so fürchte, die ich aber brauche, um recht zu behalten. Leider sind wir in unserer Kommunikation meist so disponiert, daß wir es vorziehen, unsere Ängste oder Vorurteile bestätigt zu bekommen, (das heißt, im Recht-haben verstärkt zu werden), als unsere emotionalen Sehnsüchte zu befriedigen. Wir haben nämlich die Nähe zu unserer Gefühlsbasis weitgehend verloren. Statt dessen suggerieren wir uns Mutmaßungen, die wir aus bisherigen Erfahrungen und deren Interpretation ableiten. Etwa: »Frauen wollen keine schwachen Männer«, oder »Wenn man meine Unsicherheit erkennt, wird man mich meiden.« Darüber hinaus sortieren wir unser Umfeld in solche Menschen, die uns erlauben, unser Ideal-Ich auszuspielen, und solche, die dies nicht zulassen. Der Freund oder die Partnerin, die meine John-Wayne-Show erträgt, die mich gewähren läßt, bekommt meine Zuneigung. Wer mich durchschaut oder hinterfragt, ist zu gefährlich – um diesen Menschen mache ich einen Bogen. Dummerweise sind die Personen, die mich in meiner Maske gewähren lassen, häufig letztlich an mir desinteressiert (Ja-und-Amen-Sager), selbst so schwach, sich auch auf eine Show-Nummer (etwa ebenfalls als letzter Asphaltcowboy) zurückzuziehen, oder geistig nicht imstande, meine Fassade zu durchschauen. Schließlich gibt es noch die Möglichkeit, daß sich Masken komplementär treffen, also sich neurotisch ergänzen. Beispielsweise bei Gruppen oder Cliquen von ›Verlierern‹, die sich aneinanderklammern in der Hoffnung, gemeinsam im Sumpf schwimmen zu können. Dabei können sich Menschen nahezu nie aus dem gleichen Morast ziehen, wenn sie erst einmal miteinander darin plantschen – im Gegenteil, sie verstärken sich unbewußt in ihren Fehlhaltungen und Fehlleistungen.

Ohne Maske leben ist nur möglich, wenn ich meine angstbesetzten Selbsteinflüsterungen, die Horrorvisionen meiner Phantasie aufgebe zugunsten einer neugierig-offenen Realitätssicht. Sonst erzwingt mein Katastrophenszenario Rollen, die ich nicht spielen kann, die auch nichts mit meiner Wirklichkeit zu tun haben – und mich hindern am Entwurf und an der Niederschrift (am Handeln) meines angemessenen Lebensdrehbuchs.

Sich in eine Rolle verbeißen und sich geben

Ein guter Schauspieler ›gibt‹ eine Bühnenfigur. Er gibt sich als ein Mensch, der sich möglichst intensiv erfahren hat, der Figur, ihren Motiven und Verhaltensweisen hin. Dies geschieht letztlich – nach der Entwicklung der Figur und den Proben – mit Leichtigkeit. Ein sogenannter Knattermime bildet sich ein, eine Traumrolle spielen zu müssen. Er verbeißt sich in die Medea, ins Gretchen oder den Romeo. Er tut alles, um sein Ziel zu erreichen. Er wechselt so lange das Theater, bis man ihn als Gretchen auf die Bühne läßt. Meist hat er diese Chance nur in einer Provinzschmiere oder bei einem schlechten Regisseur. Dann wird er ackern und drauflosmimen, um nur ja die Figur zu schaffen. Er wird laut, outriert, er ›überspielt‹.

Im schlimmsten Fall – ich durfte es an einer deutschen Provinzbühne erleben – wühlte und ächzte ein Darsteller so lange in der Kommunalpolitik herum, bis man ihn zum Intendanten kürte. Die Eröffnungspremiere inszenierte er selbst – und ließ es sich auch im stolzen Alter von fünfzig Jahren und mit erheblichen Fettpolstern nicht nehmen, ›endlich‹ den Romeo zu verunstalten.

Ähnlich verhalten wir uns in unseren Lebensscripts, wenn wir uns blindwütig einem Ziel (etwa: Erfolg) verdingen. Wir orientieren unser ganzes Fühlen und Denken auf einen Fixpunkt. Ansonsten kapseln wir uns mit Scheuklappen ab und stürmen ›mit dem Kopf durch die Wand‹ auf dieses vermeintliche Ziel los. Wir geben uns nicht, wir vergewaltigen uns. Wir verbeißen uns in ein Phantom, statt uns geduldig zu leben: anzunehmen, was uns begegnet, das Beste aus dem zu machen, was wir zu spielen bekommen.

Ein Beispiel ist der Mensch, der sich als grandioser Sportler sieht, um sich Jugendlichkeit zu beweisen. Er kann trainieren, sich mühen, so viel er mag. Sein Tun hat nichts mit ihm gemein. Er integriert seine Aktionen nicht in sein Selbst. Er kann schwitzen und Sprungtechnik üben, Hanteln zentnerweise stemmen, sich bis zum Herzinfarkt quälen – er wird nie ein exzellenter Sprinter oder ein passabler Tennisspieler. Ganz anders der Zen-Mönch, der mit dem Bogen schießt. Er erlernt keine Technik. Er setzt keine Maßstäbe oder Zeiträume, in denen er Ziele fixiert. Er gibt sich dem Bogen hin. Er läßt den Pfeil auf der Sehne ›aus sich kommen‹. Er fühlt dem Pfeil nach. Er ›zielt‹ nicht. Er atmet die Spannung des Bogens, er meditiert den Weg des Pfeils, läßt ihn geschehen. Und eines Tages trifft er ins Schwarze – ohne genau zu wissen, warum. Er hat den Bogen beherrschen gelernt, indem er sich ihm hingab, seinem Bewußtsein eine Synthese mit dem Gerät erlaubte. Der Mönch trifft, weil ihm das Treffen nicht wesentlich ist. Der Weg ist sein Ziel. Nicht das Ziel steht im Mittelpunkt. Demnach werden auch wir unsere Lebensscripts um so eher erreichen, je weniger wir uns auf die mechanische Erreichung des Ziels verlegen und je mehr wir uns der Gestaltung unserer wirklichen, wahrhaften Da-Seins-Chance öffnen.

Die Inszenierung meines Scripts

Wir haben gesehen, wie wir das Stück verfassen, das wir um uns aufbauen. Wir haben festgestellt, nach welchen Kriterien wir unsere Rollen und Figuren auswählen und welche Gefahren in der Dramaturgie unseres Unbewußten lauern.

Gehen wir jetzt davon aus, daß wir ein uns adäquates Stück gefunden haben – nun müssen wir uns und unsere Mitspieler auf dieser Bühne etablieren. Wir sind als Regisseur gefordert. Das wichtigste für einen Regisseur ist zunächst einmal, sich die Bühne zu suchen, die er nach seinen Vorkenntnissen und Erfahrungen bewältigen kann. Wer bislang nur im Kellertheater gearbeitet hat, wird vermutlich im Burgtheater oder in der Mailänder Scala scheitern. Zudem muß er ein Stück finden, das ihn ›anspringt‹. Es muß ihm ganz persönlich etwas sagen, ihn nicht mehr loslassen. Dies meint zweierlei: wir müssen uns und unsere

Mitspieler erfassen und führen können, ohne allzugroße Distanz; und wir müssen das Stück, das wir für uns gefunden haben, auch umsetzen können. Es ist doch denkbar, daß ich mir die Rolle als aufopfernde Mutter nicht gegen mein Selbst wähle, dieser Rolle tatsächlich entspreche – aber ›schaffe‹ ich ein, zwei, drei oder zehn Kinder? Wo sind meine Grenzen? Und kann ich meine Partner von der Gestaltung meiner und ihrer Rolle überzeugen? Oder ich kann mir die Rolle des gefühlvollen Liebhabers wünschen, aber mich auf dem falschen sozialen Terrain bewegen und mir Partner zudenken, die Fehlbesetzungen sind, weil sie ihre Rollen als Geliebte nicht wollen oder können – und ich auch nicht fähig bin, sie zu diesen Rollen hinzuführen. Insofern bewege ich mich dann als Autor zwar vielleicht im richtigen, als Regisseur aber im verkehrten Stück.

Der Regisseur lebt von seiner Autorität. Sie ist die Grundvoraussetzung seiner Arbeit. Die Akteure müssen seiner Phantasie vertrauen, seiner Einfühlung in die Bühnenfiguren, seinem Timing und seiner intellektuellen Interpretation des Stückes. Deshalb muß der Regisseur nicht bloß all diese Fähig- und Fertigkeiten besitzen, sondern sie auch äußern. Die tollste Vision, die überraschendste Wendung oder der neueste Gag nützt nichts, wenn man demjenigen, der das Spiel inszeniert, nicht abkauft, daß er der richtige Mensch zur rechten Zeit am rechten Platz ist. Aber wie beweist ein Regisseur (oder entscheiden wir uns in diesem Fall für das etwas antiquierte, aber hier einleuchtende Wort ›Spielleiter‹) seine Qualität, wie überzeugt er die Darsteller, sich seiner Vorstellungskraft zu beugen, zu fügen, seinen Anweisungen zu folgen?

Ein bekannter Regisseur bringt eine gewisse Zahl von Leistungsnachweisen mit: Kritiken, Kollegenempfehlungen, der Ruf, der ihm beim Publikum vorauseilt. Das bringt selbstverständlich eine gewisse Basis. Hier ist ein Mensch, mit dem man als Schauspieler arbeiten möchte.

Der stille Vertrag heißt: Ich füge mich dir, weil ich von dir lernen kann.

Dies funktioniert aber nur bis zu einer bestimmten Schmerzgrenze. Die Aufgabe der eigenen Meinung, der jeweiligen Vorstellungen vom Stück und der Rolle, erträgt ein Akteur nur so lange, als er sich als Person ernstgenommen weiß. Der Regisseur kann den Darsteller nur so lange zu einer bestimmten Rollenauffassung bringen, wie ein stillschweigendes Einverständnis vorausgesetzt werden kann, daß es zum Besten der Sache und auch des jeweiligen Darstellers ist. Und: auch der berühmteste Regisseur sollte sich tunlichst nicht als großer Zampano aufführen, sondern als Dialogpartner, der Diskussionen zuläßt und Vorschläge und Angebote ernsthaft prüft und abwägt.

Diesen Vertrauensvorschuß hat der unbekannte Regisseur nicht. Er ist in seiner Arbeit ständig darauf angewiesen, sein Vorhaben zu erläutern, zu begründen, warum er eine Szene so und nicht anders angeht. Sein Vertrauensvorschuß ist klein und wehe, wenn sich herausstellt, daß er in seinem Konzept ›schwimmt‹, einige Figuren falsch gesehen oder bestimmte Textstellen falsch gedeutet hat. Dann kann er sich nur noch durch einen künstlerischen Offenbarungseid retten — sonst werden ihn seine Mit-Spieler nicht länger akzeptieren und ihr eigenes Stück proben.

Das heißt letztlich nichts anderes, als: die Grundqualität auch eines Spielleiters ist unbedingte Ehrlichkeit, Offenheit und Authentizität. Dies um so mehr, je weniger Respekt und Vertrauen er aufgrund erbrachter Vorleistungen verlangen kann. Und eben da liegt unser häufiger Trugschluß, zumindest unser unbewußter Irrtum. Wir jagen auf Menschen und Situationen los. Wir setzen Vertrauen voraus, das wir uns erst verdienen müssen. Wir setzen uns über unsere Unsicherheiten und kommunikativen Ängste hinweg. Wir formulieren uns nicht, geben nicht zu, wie wenig wir in der Lage sind, Situationen zu steuern. Wir geben uns als perfekte Spielleiter des Lebens aus, sind aber

Debütanten. Und da unglaublich viele dies tun, wird so manche menschliche Begegnung zur Burleske – die Stükke, die Programme stimmen, aber die Unsicherheit der Umsetzung bleibt.

Als Illustration eine alltägliche Situation: ER hat SIE in ein Restaurant eingeladen. Leider stellen sie vor SEINEM Stammlokal fest, daß dort gerade Ruhetag ist. ER ist heftig verunsichert. Ihm fällt keine rechte Ausweichmöglichkeit ein. Mit diesem Lokal ist er vertraut, man kennt und bevorzugt ihn – aber wohin jetzt, was kann er sich sozial und finanziell leisten, was erwartet SIE von ihm? Aber er hat sich IHR als souveräner Macher vorgestellt und für diese Rolle ihre Anerkennung erhalten. Also folgt ER seiner nächstbesten Idee. Nach aufwendiger, nervender Parkplatzsuche finden sie ein Lokal, das er vom Hörensagen als ausgezeichnet kennt. Nur ist kein freier Tisch in Sicht. Nach endlosem Warten wird ihnen ein abgelegener Tisch am Eingang zugewiesen. Es zieht. ER kennt sich mit der französischen Speisekarte ebensowenig aus wie mit den Weinen. Aber ER fragt nicht lang, bestellt – und lächelt auch noch tapfer weiter, als das Fleisch zäh aus der Brühe ragt. SIE spricht ausgezeichnet Französisch, hätte sich diesen Platz niemals bieten lassen. Aber – hatte er ihr nicht versichert, wie angenehm es sei, auf eine Frau zu treffen, die sich anschmiegt und führen läßt? Und SIE hatte seinem weltmännischen Auftreten schließlich vertraut. Jetzt ist sie ein wenig enttäuscht, läßt es sich beileibe nicht anmerken, aber das Spannen im Magen und das Zukken der Mundwinkel läßt sich auf Dauer nicht verheimlichen. Und ER fühlt sich ertappt, durchschaut, als Versager. Seine Inszenierung ist gründlich in die Hosen gegangen. Aber SIE macht ja auch den Mund nicht auf, hat keine Idee, läßt alles geschehen...

Das Stück, das sich hier zwei Menschen geschrieben haben, heißt: Ich suche einen Partner. Die Rollen waren scheinbar ausgezeichnet besetzt. Aber wie scheinbar, zeigte sich, sobald in der Umsetzung, der Inszenierung Komplikationen auftauchten. Vertrauen und Autorität schmolzen dahin – weil die Regisseure ihren Stücken nicht gewachsen waren und dies wiederum hinter der Maske einer durchkonzipierten Regie verbargen. Hätte man sich auf gemeinsame, tastende Improvisation verständigt, vielleicht wäre ein gelungener Abend daraus geworden.

Proben, Premieren und die tausendste Vorstellung

Manchmal erscheint es auf Anhieb gar nicht so schwierig, mit einer glänzenden Maske aufzutrumpfen. Aber die Zeit fordert ihr Opfer, die Wiederholung den Tribut. Ein Beispiel: Sigrid ist heute abend zu einer Vernissage eingeladen. Ihr Interesse an derartigen Veranstaltungen ist denkbar gering. Aber die Inhaberin einer Boutique, in der sie gerne arbeiten würde, ist eingeladen. Sigrid hat sich rechtzeitig den Katalog besorgt, sich von Freunden einiges über die beteiligten Künstler einflüstern lassen. Sie hat vor dem Spiegel geprobt, wie man sich in einem derartigen Umfeld möglichst distinguiert-informiert gibt. Als sie am Abend der Dame vorgestellt wird, funktioniert die Maskerade glänzend. Man ist voneinander begeistert. Die eingetrichterten Stichworte lassen sich anbringen. Sigrid wird zu einem Vorstellungsgespräch in den nächsten Tagen eingeladen. Hat Sigrid nicht etwas sehr Vernünftiges getan, als sie sich die Maske zulegte? Hätte sie hingehen und sagen sollen: »Kunst interessiert mich überhaupt nicht. Aber in Ihrer Boutique würde ich gerne arbeiten«? Vermutlich wäre letzteres günstiger gewesen. Denn: Masken müssen nicht Minuten oder Stunden halten. Wenn wir sie bei Menschen einmal auflegen, können wir sie kaum wieder loswerden.

Eine gelungene Premiere nach akkuraten Proben ist vielleicht ein Erfolg bei der Kritik – aber ein Stück bewährt sich in einer Vielzahl von Vorstellungen. Ich muß mit meiner Rolle immer wieder aufs neue übereinstimmen. Wenn ich mich überlegen fühle genauso, als wenn ich niedergeschlagen bin. Ob Sigrid das gelingt?

Ihre neue Chefin wird nur zu gern über das unterstellte gemeinsame Interesse plaudern. Sie wird Sigrid schätzen lernen und sie zu weiteren Vernissagen und Ausstellungen schleifen. Und Sigrid muß dauernd auf der Hut sein, eine Bemerkung wie: »Dieses Muster ist wie ein später Miró« gescheit zu parieren. Das stellt sie unter einen fortdauernden latenten Druck, der sie im wahrsten Wortsinn dazu bringen wird, immer ›auf der Lauer zu liegen‹. Sie wird nicht mehr ›sein‹ dürfen, sondern Fehler zu vermeiden suchen. Und irgendwann der Last ihrer Maske nicht mehr gewachsen sein.

Die Inszenierung hat eben nur für den Augenblick getaugt. Als überzeugender Entwurf besitzt Sigrids Darbietung zu wenig Substanz, es sei denn, auch die Chefin hat bloß gespielt.

Die gültige Inszenierung: ICH

Wir haben festgestellt: wir denken, erfinden unser Stück, das Leben heißt. Wir versuchen es als unsere Spielleiter auf die Bühne Wirklichkeit zu bringen und wir verteilen und spielen darin unsere Rollen. Wir haben auch gesehen, daß dies häufig mißlingt, woraus Leiden und Verunsicherung entsteht. Ehe wir uns der Frage widmen, unter welchen Umständen unser Spiel gelingt, eine kurze Ergänzung zum Vorherigen: die typischen Fehler des Maskenspiels.

● Mitspieler werden klischeehaft besetzt. Wir bieten ihnen die Rollen an, die sie längst satt haben. Wir nehmen ihnen jede Entwicklungsmöglichkeit, die Chance, sich an neuen Herausforderungen zu beweisen. Also liefern sie uns nichts als Routine: Repertoire, wie es im Theater heißt.

● Mitspieler werden falsch gesehen. Wir geben uns mit aufdringlichen Schlüsselreizen zufrieden (Kindchengesicht, Schmollmund, aggressive Gestik o. ä.) und zwingen sie in die für sie gefundenen Parts – ohne die Biografie des Gegenübers zu erfassen.

- Das Spielfeld, die Bühne, bleibt nicht flexibel. Wir – das heißt unsere Biografie, unser nicht zureichend integriertes Über-Ich – reagieren nicht auf Bilder, Szenen, Dialoge, auf die wir treffen, sondern wir suchen stur nach der szenischen (Auf-)Lösung unserer inneren Dispositionen und Konflikte. Wir arbeiten uns am immer gleichen Szenario ab, ohne Anregungen unserer Mitspieler wahr- und aufzunehmen.

- Wir sind als ungeübte Seher nicht imstande, Chargen zu durchschauen, Gegenüber, die nur ein Klischee verkörpern. Wir investieren unsere Energie in Menschen, die nur von scheinbarer Bedeutung für uns sind. Wir fordern keine Aussage von Mitspielern, sondern geben uns ihrem Maskenspiel hin, weil wir die Auseinandersetzung fürchten und hinter der Maske etwas für uns Negatives vermuten.

- Wir überschätzen uns in der Kraft, mehrere Aufführungen gleichzeitig oder unmittelbar nacheinander durchzustehen. Wir hetzen sozusagen mit einem Riesenkoffer voll Requisiten zu den jeweiligen Bühnen, kleiden uns in aller Eile um (legen die passende Maske auf) und stürmen atemlos ins Spiel. So verderben wir auch die Rollen, die uns ›auf den Leib geschrieben sind‹.

- Wir halten uns für Regisseure oder Mitspieler, sind aber in Wirklichkeit nur Zuschauer. Sind wir am Arbeitsplatz, in unseren Freundschaften und Beziehungen wirklich so unersetzbar, wie wir es unserem Ego vorgaukeln? Unsere Unfähigkeit zu Demut und Bescheidenheit hindert uns daran, auch kleinere Parts engagiert zu spielen. Wir reservieren uns immer die Hauptrolle – und verderben so manches Spiel.

- Stelle ich die Rolle her, oder bin ich die Rolle? Ein guter Akteur lebt in seiner Rolle. Er würde niemals eine

Figur übernehmen, die er nicht auszufüllen vermag. Ein guter Mime liefert mehr als Handwerk. Er hält nicht bloß das Stöckchen richtig, sagt seinen Text mit korrekter Betonung auf – er versucht in jede Faser der dargestellten Figur zu schlüpfen, indem er sie mit seinem Selbst füllt. Er erschafft eine Synthese aus dem Selbst und der Bühnenfigur. Er verleiht ihr seine Züge und erschließt sich die (oft ungeschriebene) Geschichte der Figur.

Entsprechend können wir jetzt auch skizzieren, was den guten Akteur genauso bestimmt wie den guten Regisseur, also uns als Teilhaber an kommunikativen Geschehnissen:

- Zuhören und Beobachten
- Einfühlen und Nachfragen
- Anregen und Prüfen
- im Ensemble sein.

Dies alles jedoch auf der entscheidenden Folie des *Selbst*, denn allein, wenn ich weiß:

- Wer bin ich?
- Was bin ich?
- Wie bin ich?
- Warum bin ich wie ich bin?
- Wo/Wann bin ich?, kann ich mir die Erfüllung einer Rolle zumuten.

Das heißt: eine Rolle, ein Stück, ein Lebensabschnitt glückt nur unter der Voraussetzung, daß ich meiner gewahr bin. Und nur so kann denn auch Glück entstehen. Von außen können wir nur Applaus, Bestätigung, Befriedigung erfahren. Im Bestfall also Zufriedenheit. Glück ist allein das Produkt unserer Selbstgewahrheit. Doch davon später mehr und ausführlicher.

Fürs erste halten wir fest: Um in erwachsener, nicht kindlicher Manier eine Rolle auf uns zu nehmen, müssen wir sie in unser Selbst integrieren, unserer Persönlichkeit nachformen. Sonst sind wir Kinder oder besserenfalls Debütanten, die sich mit ein paar Requisiten schmücken und chargieren. Was in einer infantilisierten Gesellschaft wie der unseren eher die Regel denn die Ausnahme ist und uns so häufig das Gefühl vermittelt, uns in einem Kindergarten zu befinden.

Körperlichkeit, Außenhaut und Identität

Der Mensch der Gegenwart leidet durchgängig an einer Unfähigkeit, sein Selbst der Außenwelt kongruent, das heißt bruchlos oder stimmig, zu vermitteln. Er reduziert sich auf Symbole, was wir bereits erörtert haben. Aber ist dieses Zeitsymptom nicht ursächlich – außer auf Wirkungs- und Prestigemechanismen – auf die verbreitete Lebenslüge zurückzuführen, die Ebene des Existentiellen zu leugnen? Wir sind in all unserer Bequemlichkeit und Saturiertheit Weltmeister im Verdrängen geworden. Letztlich läßt sich die Bewältigung eines Lebens aus dem Umgang mit Liebe und Tod ablesen. Freud hat von der Libido (dem Trieb zu lieben und geliebt zu werden) und dem Thanatos (Todestrieb) gesprochen, wenn er die Grundbewegungen menschlichen Fühlens und Handelns meinte. Viele seiner engsten Schüler haben ihm in seiner Todestriebannahme widersprochen. Sie hielten den unbewußten Wunsch nach einem Erlöschen des Jetzt-Zustandes für die Ausnahme. Sie definierten Lebendigkeit als Suche nach Lust und Vermeiden von Unlust (denken wir etwa an Wilhelm Reich oder dessen Schüler Alexander Lowen).

Ich persönlich kann als Summe meiner Erfahrungen und meines eigenen Lebens ebenfalls von keiner allgemeinen Gültigkeit einer Todessehnsucht ausgehen. Allerdings stoße ich bei zahllosen Gesprächen und Beobachtungen immer wieder auf eine negative Todesstrebung im Sinne einer hartnäckigen Blockierung jedweder Wahrnahme von Äußerungen der Realität unserer Endlichkeit. Vielleicht findet hier Freuds Thanatos-Theorie tatsächlich eine umgekehrte Entsprechung: der Mensch schließt die Augen vor der Tatsache und der Symbolik des Todes, um der Faszination zu entgehen, die in diesem Schritt vom Übergang aus dem gewußten Hier ins erschreckende Nirgendwo liegt. Schließlich ließe sich so die Macht erklären, mit der Bilder und Geschichten von Mord, Martyrium, oder wie es im Medienzeitalter heißt: Thrill und Horror, auf uns wirken. Aber dieses Buch ist nicht der Ort, komplexe Theorieprobleme der Psychologie abzuhandeln. Wichtig ist an dieser Stelle nur: wir huldigen einem Jugendkult, der uns unserer Eigentlichkeit beraubt. Wir umgehen das Alter, den Tod.

In zahllosen Kulturen — insbesondere in asiatischen Glaubenslehren, im Ansatz aber auch im Christentum — wird der Tod eines Menschen mit der Chance auf Erlösung gleichgesetzt. Stirbt ein Mensch, wird er ausgiebig betrauert. Dann jedoch feiert man seine Überwindung des Irdischen, des ›Jammertals‹. Ein ›erfülltes‹ Leben, das heißt, eine Vollendung der dem einzelnen gestellten Aufgaben, ist Anlaß zu Freude und Bewunderung.

Aber wo stehen wir? Worüber läßt sich nach Auschwitz noch trauern? Was läßt uns noch weinen? Etwa, daß der exquisite Armani-Pullover in der Wäsche verfärbt wurde? Haben wir nicht längst Freundschaft und Liebe zu Zweckbündnissen verwässert? Welcher Tod vermag uns noch zu treffen? Und ist es der Verstorbene, um den wir weinen, oder bemitleiden wir uns, weil wir uns überlassen sind? Vermögen wir denn mehr, als uns in Sentimentalität zu suhlen? Und ist unsere Leidenschaft echt oder eine Taktik, wenn wir ein Objekt der allgemeinen Begierde an unsere Seite locken?

Fragen, die sich jeder von uns letztlich nur selbst beantworten kann. Aber stellen wir sie uns denn eigentlich? Und wie können wir zu Antworten gelangen, wenn wir uns schon den Fragen verschließen?

Ein Mensch, der sich nicht täglich, in jeder Sekunde seiner Existenz, bewußt macht, daß die Spanne seines Lebens von Augenblick zu Augenblick kürzer wird, ist weder imstande, sich zu lieben, noch sich oder irgend jemand anderen zu lieben. Dieser Mensch kann dann bestenfalls ›auf dem Vulkan tanzen‹, sich ›zu Tode amüsieren‹, oder in der ›bleiernen Zeit‹ versacken – um auf bekannte Film- bzw. Buchtitel zurückzugreifen.

Die Psychoanalyse geht davon aus, daß Gefühle geäußert werden, wenn das Individuum nicht durch die Realität oder die Scheinrealität seines Über-Ich daran gehindert wird (also: der emotionale Impuls entsteht im Es, das ein Verlangen nach Triebsättigung formuliert, und wird vom Ich in Verhalten umgesetzt, sofern nicht das Verhaltensumfeld oder Erfahrungen mit diesem Umfeld diese Umsetzung stoppen – ein Element des Realitätsprinzips – ; ein Impuls wird aber auch versagt, wenn die im Über-Ich gespeicherten kindlichen Prägungen, das heißt die Ge- und Verbote der frühkindlichen Erziehung, ihn als unzulässig sortieren). Im letzteren Fall wird der Triebimpuls verdrängt (blockiert, geleugnet, was zu neurotischen oder psychosomatischen Störungen führen kann) oder im Sinne eines für die Realität oder das Über-Ich zulässigen Verhaltens abgewandelt. Freud spricht hier von ›sublimieren‹, was soviel bedeutet wie verfeinern. Theoretiker der Psychologie haben die Annahme einer Sublimierung als bürgerliches Ideal (etwa: der Künstler kasteit seine erotischen Wünsche im Verzicht, um die Energie auf sein Werk zu lenken) verworfen und argumentiert, es handele sich hier nicht um eine ›Verfeinerung‹, sondern um eine Kompensation, eine ersatzweise Befriedigung, die Freud unter anderen Bezügen ebenfalls feststellen konnte.

In unserem Zusammenhang ist dieser Mechanismus der Verkleidung von Gefühlsregungen jedoch zentral, unabhängig davon, ob es sich um bloße Kompensation oder Sublimierung handelt. Denn in jedem Fall werden Äußerungen unseres Selbst (unseres Es-Ich-Bezugs) auf uneigentliche Objekte verlagert. Diese Verschiebungen und

Verschlüsselungen haben zwar gelegentlich den Vorzug, neurotische oder psychosomatische Symptome zu verhindern, aber die Energie des Gefühls wird abgelenkt. Wir sättigen scheinbare Bedürfnisse. Wir sagen nicht: »Ich möchte deine Zärtlichkeit.« Wir sagen: »Wir können uns ja mal nach der Arbeit über diese Angelegenheit unterhalten.« Zugegeben, es fällt schwer auszusprechen: »Ich fühle mich wohl in deiner Nähe«, aber müssen wir unserem Gegenüber die Detektivarbeit abverlangen, diesen Inhalt aus der Bemerkung: »Bei den Meyers stimmt's ja überhaupt nicht« herauszuhorchen?

Die kulturelle Überformung von Gefühlsausdrücken ist sicherlich notwendig. Jede Epoche, jede Kultur hat Formen und Bräuche entwickelt, wie Menschen sich etwas ›durch die Blume‹ sagen können. Der Galan des Rokoko hatte feststehende Redewendungen, wie er seiner Liebsten ohne Plumpheit Zuneigung eröffnen konnte. Die Liebeslyrik der Troubadoure spricht ganze kulturelle Bände. Aber die Spielregeln dieser Verklausulierungen waren einheitlich, waren Tradition und damit durchschaubar. Wenn der Höfling Ludwigs des XIV. einen ›Schlüssel zur Pforte des Herzens‹ beschwor, legte er seine Identität offen. Er benutzte die zulässige Direktheit der Formulierung. Er bildete seinen Gefühlsimpuls ungebrochen auf der Außenhaut seiner Person ab. Denn die sprachliche Wendung war bloße Form, ohne eine Verschiebung des Inhalts.

Emotionale Verschiebungen sind dagegen Ausflüchte ins Vage. Wir überlassen es dem andern, uns zu verstehen. Wir lassen ihn deuten und entgehen so einer eventuellen Bestrafung – wir konfrontieren uns nicht, ersetzen Inhalt durch Rhetorik. Egal wie die Sache ausgeht, die Unversehrtheit unserer Außenhaut ist gewahrt. Wir haben eine Sicherung zwischen unser Selbst und unsere Erscheinung gepaßt. Indem ich mich nicht stelle, ausweiche, nicht (er-)fassen lasse, gelingt es mir, Unlustgefühle zu vermeiden. Ich werde nicht verurteilt, ausgesondert, verfolgt. Aber die

Abwesenheit von Unlust ist eben nicht Lust. Das ist unser psychischer Irrtum.

So sperren wir zwar alle Quellen der Unlust (versagte Liebe, Tod, körperliche Entbehrung) sorgfältig aus, aber die ausdauernde Biegung unserer Gefühle ins Wohlfeile (»vielleicht könnte ich irgendeine Beziehung zu dir aufbauen«) reduziert uns auf das Sichtbare. Begegnung, Kontakt zum andern ist aber nur möglich als Offenbarung. Wer mir nicht von seiner Todesangst, seinen libidinösen Träumen und Höllenfahrten sprechen kann, kann nicht zu mir durchkommen. Nur: um davon zu anderen zu reden, muß ich mich diesen ›letzten Dingen‹ zunächst im inneren Monolog stellen. Erst über diese Stufe vermag unser Selbst sich als Körperlichkeit durchzusetzen.

Die Wurzeln der Maske in der Entwicklungsgeschichte

Die Maske als Spielrequisit, als ›Verkleidung‹ ist vermutlich so alt wie die Menschheitsgeschichte. Bei jedem Naturvolk etwa finden sich Maskentänze, Beschwörungszeremonien, die ohne die Verwendung von und die Verfremdung durch Masken kaum vorstellbar wären. Jedes Völkerkundemuseum quillt über von Masken, die Tiere, Götter, Geister oder Dämonen darstellen. Ob Papua-Neuguinea, Samoa, Indonesien oder afrikanische Stämme und Clans: sobald die Regeln des Alltags außer Kraft gesetzt werden, der Mensch sich anderem als dem zum puren Überleben Notwendigen zuwendet, kriechen Medizinmänner, Schamanen, Anführer oder einfache Stammesangehörige unter die Maske. Hinter der Maske (und oft durch sie) wird geheilt. Sie dient zur Beschwichtigung zorniger Götter und arglistiger Dämonen. Maskentänze vergegenwärtigen die Toten und damit die Historie des Stammes. Geschichten und Traditionen werden im Maskenritual erinnert — das kollektive Unbewußte eines Volkes kristallisiert sich im Naturvolk in der Andersheit der Maske. Warum aber greifen allüberall die Heiler, die Weisen eines Stammes, die Führer und Krieger zu diesem Instrument?

Eine Erklärung: die Maske ist Macht. Sie zeigt Stärke, ist kollektive Kraft nach außen. Im Kriegstanz wird der Feind abgeschreckt und gemeinsames Handeln der Stammesangehörigen beschworen. Der Sieg wird vorweggenommen, indem an frühere Siege erinnert oder der künftige durchgespielt wird: es werden Überzeugungen vermittelt. Dies ist die soziale Dimension, die dann am deutlichsten erscheint, wenn mehrere gleiche Masken auftauchen, also Identität der Gruppe, Einheit vorgeführt wird. Der einzelne hinter der Maske verschwindet, ein Ausdruck von Persönlichkeit, Individualität ist unmöglich. Die Identität des Menschen wird der Identität des Kollektivs geopfert. Dies gilt auch in zeitlicher Hinsicht: die Masken können über die Generationen gleich bleiben, auch wenn die Träger von Mal zu Mal wechseln. Die Möglichkeit, Stammesgeschichte durch getanzte oder gespielte Episoden und Geschichten an die Nachfahren zu überliefern, ist durch das Maskenritual gesichert. In einer anderen Hinsicht, als persönliche Dimension der Maske, ist sie Symbol des Besonderen. Indem der Träger die Maske überstülpt, kann er zeigen, wie er gerne gesehen würde, durch welche Symbole er kenntlich und eigentlich wird. So sind etwa bei den australischen Ureinwohnern Tiermasken weniger dazu da, Stammesgeschichte zu illustrieren oder kriegerische Aggression auszustrahlen, sondern sie sind vielmehr Ideal-Ichs des unter der Maske Verborgenen. Die Maske soll vor dem Publikum hervorheben.

In einer dritten, religiösen oder kultischen Dimension ist die Maske freilich nur auf den ersten Blick Zeichen von Macht. Im Gegenteil, sie verbirgt Ohnmacht und Unwürde. Die Holz- oder Federmaske des zentralafrikanischen Heilers ist Voraussetzung zur Weckung seiner Heilkräfte.

Erst (und nur) das Symbol verleiht hier die Möglichkeit, auf die Gesundheit, die Befindlichkeit des Erkrankten einzuwirken.

Die magische Kraft der Maske finden wir genauso im Negativen. In einigen karibischen Woodoo-Abarten beispielsweise wird nur vermittels der Kraft der Maske Verwünschung, Verhexung, Verbannung aus der Gemeinschaft erreicht. Gemeinsam ist diesen und ähnlichen kultischen Ritualen, die einen Geist oder Gott beschwören, daß der Mensch ohne Maske nicht würdig ist, zum Übersinnlichen in Kontakt zu treten. Erst in Gestalt der Maske darf er dem Gott oder Dämon begegnen, erst die Maske verlieh dem Azteken oder Inka die Würde, sich auf eine Stufe mit dem Jenseitigen zu stellen. Hier also ist die Maske notwendig, um Ohnmacht zu kaschieren. Sie wird zum Ausdruck von Heiligkeit und höchstmöglichem Ernst.

Mythen, Dramen, Spektakel und Feste

Bei den sogenannten Kulturvölkern wandelt sich die Funktion der Maske. Sie wird vom Element des Magischen weitgehend befreit und zum Instrument des Narrativen (einer Erzählkultur). Denken wir ans griechische Theater, oder ans mittelalterliche Mysterienspiel: der Schauspieler ist lediglich Beweger der Maske, verleiht ihr nur seine Stimme und Motorik. Die Maske im Drama ist mehr als ein Requisit. Sie deutet auf die Transzendenz, die Göttlichkeit des Dargestellten. Natürlich hat sie auch eine dramaturgische Funktion: sie ermöglicht, das Unzeigbare zu zeigen, etwa den Prototyp eines Menschen, die Chiffre für eine Haltung oder einen Charakter. Oder – in der griechischen Tragödie oder noch heute im japanischen Kabuki-Theater – die Darstellung einer Frau durch Männer. In jedem Fall erleichtert die Reduktion auf die Maske die Didaktik des Geschilderten. Sie knüpft beim für den Betrachter Bekannten an, führt seine Imagination und Phantasie.

Außerhalb des Theaters bekommt die Maske den Zug einer Bedingung zeitweiser Freizügigkeit. Nehmen wir nur die venezianische oder höfische Maske. Hier wird der Träger verborgen, entweder in idolisierter oder in unkenntlicher Form. Die Maskierung sichert die Anonymität der Person und des Geschehens. Sie wird somit zum Ventil. Unter der Maske – ob im Karneval, der alemannischen Fasenacht oder beim Ball – wird ansonsten Versagtes erlaubt. Die Maske ist hier Belohnung für den ganzjährigen Dauerverzicht auf anarchischen Triebfluß. Die Maske ist Spielregel, Ausnahme und Krücke zugleich. Oder: indem sich der Mensch verbirgt, um seine Bedürfnisse radikal ausagieren zu dürfen, akzeptiert er gleichzeitig die Unterwerfung unter die Normen und Sitten der Gemeinschaft während des Arbeitsalltags.

Die Entwicklung des Individuums –
der Mensch streift die Maske über

Bezogen auf die Entwicklung der Persönlichkeit ist der einzelne die Summe seiner Erfahrungen. Diese Erfahrungen jedoch sind die Reaktionen der Umwelt auf bereits getroffene Entscheidungen (willentlicher oder unbewußter Natur, Verhalten instrumentellen oder reflexhaften Ursprungs). Diese geronnenen Erfahrungen ergänzen sich zu dem, was wir die Lebensgeschichte oder die Biografie eines Menschen nennen.

Wir können uns über diese Biografie eines andern, auf den wir treffen, informieren, wir können ihn (ein-)schätzen, nach dem Augenschein des Gesamteindrucks, nach Symbolen und Indizien, nach herausragenden Eigenschaften, Zügen oder Signalen. Dabei wenden wir die Methoden des Vergleichens und Unterscheidens an, ehe wir zuordnen (daß die Signale des ›Senders‹, also des Menschen, der vor uns steht, niemals als abbildgetreue Botschaft in unser Bewußtsein treffen, sondern durch die Membrane der Empfänger-Biografie hindurch müssen und dort verändert werden, versteht sich dabei von selbst. – Wir kennen diese Kette der Verdrehungen von Informationen aus zahllosen Sketchen und kabarettistischen Gags).

Erkundschaften wir die Biografien der andern als Rekonstruktion, also als rückwärtsgerichtetes Puzzle von Einzelinformationen über Ereignisse, Lebensabschnitte oder wesentliche Bruchstellen der Lebensgeschichte (etwa sogenannte ›Schicksalsschläge‹), nennen wir dies ›kennenlernen‹. Dieser Vorgang ist das Zueinanderkommen von zwei Personen, die sich ihrer beider Biografien rückblickend – und bei starker emotionaler Basis, also Liebe oder inniger Freundschaft — auch vorausschauend, entschlüsseln. Diese Kenntnis ermöglicht es, mit dem andern auch in komplexen Zusammenhängen umzugehen.

Die Maskerade — also die Vorspiegelung oder Verleugnung der jeweiligen Biografie — verhindert so Begegnung, wahrhafte Auseinandersetzung und Lebensgestaltung mit Handlungspartnern. Wir umgehen unsere Biografie aber nicht nur in der Auseinandersetzung mit Fremden. Zur Maskierung nach außen gesellt sich die Maske gegen unser Selbst. Wir schönen, glätten, färben unser Leben um, wir lassen Ereignisse aus, erfinden neue hinzu, denken sie um oder laufen vor Geschehnissen davon — wir konstruieren eine Lebenslüge. Die Lebenslüge bedeutet aber zwangsläufig Fremdheit zu sich, seinem Selbst: Entfremdung von sich als Person. Sie ist entschlüsselbar als Versuch, Verantwortung zu verschieben oder zu verleugnen. Sie geht meist einher mit den Bruchstellen des Daseins, eine Tatsache, die deutlich wird, wenn wir uns folgendes vergegenwärtigen: der Mensch wird mit einer Unzahl von Möglichkeiten zur Gestaltung seines Lebens geboren. Die Anzahl dieser Möglichkeiten ist individuell unterschiedlich. Sie schwankt je nach sozialer Herkunft, körperlicher Struktur, gesundheitlichen Vorbelastungen und intellektueller Präsenz — aber sie ist in den allermeisten Fällen enorm groß. Die Annahme Rousseaus, daß der Mensch als gänzlich unbeschriebenes Blatt, als Tabula rasa (= leere Tafel) auf die Welt kommt, ist wohl nicht zu halten, aber die Erscheinungsmuster eines Lebensschicksals sind auch nicht voraussehbar (allem Reiz und Kitzel von Prophetie, Astrologie und Wahrsagerei zum Trotz). Denken wir uns das Leben einmal als eine Pyramide, die aus übereinandergeschichteten Entscheidungen besteht. Mit jeder neuen Stufe (Entscheidung) ist die Bandbreite der Möglichkeiten geringer. Nehmen wir das Beispiel eines körperlich durchschnittlich entwickelten Neugeborenen aus kleinbürgerlichen Verhältnissen. Ob aus dem Kind ein Industriemanager, ein Hochschullehrer, ein weltberühmter Ballettänzer, ein Raubmörder oder ein untergeordneter Beamter wird, ob es eine Gruppe von Menschen um sich bindet, heiratet, Kinder hat, oder sich zurückzieht, ob es kurz oder lange lebt, an einem Verkehrsunfall oder einer Herzattacke stirbt, vermag man zu diesem Zeitpunkt noch keinesfalls zu sagen. Wenn dieses Kind kurz darauf ein Bein bricht und der Bruch nur unzureichend verheilt, das Kind ein steifes Bein davonträgt, reduzieren sich die Lebenschancen erheblich. Nur: diese äußeren Ereignisse, die uns schmerzhaft treffen, können wir annehmen, verarbeiten, uns dagegen auflehnen und ankämpfen, sie verdrängen, aus dem Bewußtsein (dem Ich) schieben, Ersatzgeschichten für den Schmerz finden – aber wir beschränken uns auf die Verantwortung für die *Reaktion* auf ein Geschehen. Die Lebenslüge resultiert jedoch in erster Linie nie aus Begebenheiten, für die wir (Mit-)Verantwortung tragen. Die Lebenslüge – und die dazu stimmige Maske, die wir uns zulegen – ist die Umdeutung oder Umwertung der Stufenübergänge unserer Lebenspyramide. Wir treffen Entscheidungen (immer: bewußter oder unbewußter Natur), die sich nachträglich als falsch herausstellen. Entweder, weil wir die angestrebten Ziele damit nicht oder unzulänglich erreichen. Oder weil wir einen erheblichen Preis übersehen haben, den wir zahlen müssen. Schließlich, weil andere Entschlüsse besser zu vorausgegangenen Entwicklungen gepaßt hätten – um nur einige zentrale Möglichkeiten zu nennen.

Was nun beginnt, ist das Abschieben der Verantwortung. Dies kann einmal geschehen, indem ich die Entscheidung zur Reaktion auf ein äußerliches Ereignis verdrehe. (»Ich habe mein Kind nur weggegeben, weil man es mir sowieso genommen hätte«, »Ich habe mich nur auf ihn eingelassen, weil er mich betrunken gemacht hat«, »Ich habe meinen Bruder nur verletzt, weil er mich angegriffen hat.«) Oder ich war an der Entscheidung nicht beteiligt

(»Meine Eltern haben mich auf diese Schule geschickt«, »Sie hat sich mit ihrem Liebhaber jahrelang getroffen und mich plötzlich heimlich verlassen«). Ich konnte die Folgen einer Entscheidung nicht überblicken (»Alle haben mir gesagt, von Drogen wird man nicht so bald abhängig«, »Ich sah ihn wie ein rotes Tuch, ich wollte ihn nicht erschlagen«). Ich wurde getäuscht (»Er hat immer behauptet, daß er mich liebt«) oder hatte keine Zeit zur Reflexion (»Sie haben mir die Pistole auf die Brust gesetzt, ohne diese Mutprobe hätten sie mich ausgeschlossen«). Ich wurde gegen meinen Willen gezwungen zu gehorchen (»Es war ein eindeutiger Befehl, ein Auftrag«, »Mein Vater war so jähzornig, keiner durfte ihm widersprechen«), oder wurde ein Opfer der Zeit (»Alle waren in der HJ«) – die Zahl und Ausrichtung der Argumente, Ausflüchte und Verwischungen ließe sich beliebig fortsetzen.

In jedem Fall engen sich die Möglichkeiten unserer Lebensgestaltung als Folge zahlreicher Fehlentscheidungen ein. Und die Maske bleibt der hilflose Versuch, diese Ereignisse, diese manchmal notwendigen Verwundungen, ungeschehen zu machen. Sie ist das Make-up auf die Klippen unserer Vergangenheit, die wir nicht umschiffen konnten. Doch die Disposition zur Maskierung entwickelt sich bereits viel früher in der Lebensgeschichte, ehe wir noch von bewußter Verantwortung reden können.

Die Maske rettet das Ich des Kindes

Ein Kind ist ein eigenständiges Wesen. Es ist zwar noch nicht in der Lage, für sich selbst zu sorgen, aber es hat bereits von den Eltern unabhängige Bedürfnisse, Träume, Erfahrungen. Das Kind lernt durch das Modell der Erwachsenen und durch Versuch und Irrtum. Es reift, entwickelt sich, weckt die Persönlichkeit in sich im Kontakt, in der Auseinandersetzung mit den Einflüssen seiner Umgebung.

Nur: das Verhalten von Eltern, die Konstellation einer Familie sind nicht rational. Eltern wissen nicht, was dem Kind guttut und schadet, sie können es nur vermuten und dabei glauben sie zu wissen, was für ihr Kind nützlich, förderlich ist. Der Haken an der Sache ist nämlich, daß Eltern ihre eigenen Sehnsüchte, Schwächen, Verletzungen und Ängste auf Kinder projizieren, sie sozusagen an ihnen abzustreifen versuchen. Denn Eltern sind in ihrer unbewußten Verknüpfung längst nicht so erwachsen, wie sie dem Kind in ihrer Übermächtigkeit erscheinen mögen. Eine Mutter kann etwa ihren kleinen Jungen als Ersatzpartner für den Mann an ihrer Seite erleben, zu dem die Liebe längst erloschen ist. Der Junge erhält all die Zuneigung, die Gesten der Zärtlichkeit, die Anteilnahme, die sie ihrem Mann vorenthält. Sie richtet sich eine gemütliche kleine Traumwelt ein, in der das Kind all das zu erfüllen hat, was der Vater der Mutter versagt. Der Junge soll immer da sein, zuhören, sich mitteilen, aufmerksam bleiben (ich rede hier nicht von der ödipalen Ebene der Situation, der unbewußt erotischen Komponente). Das Kind wird überschätzt, überfordert, wird im Riesentempo zum kleinen Erwachsenen und Vertrauten gemacht und eventuell entsprechend ausstaffiert. Eine andere Möglichkeit ist, daß das Kind zum Sündenbock des Paares gemacht wird. Es ist schuld, daß man nicht mehr ausgehen kann, die Freunde verliert, daß man sich über Erziehungsmethoden zankt, nachts im Schlaf gestört oder sexuell eingeschränkt wird. Ein oder beide Elternteile können eifersüchtig auf das Kind sein, das so viel Aufmerksamkeit des Partners verschlingt. Oder das Kind kann für die Enge der Wohnverhältnisse und den geringen Lebensstandard verantwortlich gemacht werden: »Für dich müssen wir uns abrackern.«

Eine dritte Methode – von vielen weiteren – sich des Kindes zu bedienen, um eigene Unzulänglichkeiten abzustreifen, ist, das Kind zum Ersatz-Ideal zu stempeln. Was mir im Leben nicht gelungen ist (ein erfolgreicher Sportler zu werden, eine hohe berufliche Position zu erreichen, ein hervorragender Geigenvirtuose zu werden), soll mein Kind schaffen: »Ich meine es doch bloß gut mit dir!«

In all diesen Fällen wird das Selbst des Kindes von den – unverarbeiteten – Obsessionen der Eltern aufgesogen. Es wird mit ihm veranstaltet, gemacht. Es kann sich aber aufgrund seiner biologischen und emotionalen Abhängigkeit nicht, oder nicht allzulange, zur Wehr setzen. Es kann quängeln, schreien, die Nahrungsaufnahme verweigern, Krankheitssymptome hervorbringen, im Kindergarten, in der Schule auffällig werden – aber es kann sich der unterschwelligen Familienstruktur nicht entziehen. Es muß mit diesen Menschen – seinen Eltern – leben. Dadurch wird entweder der Charakter des Kindes verformt, sein Ego wird gebrochen, es wird zum Opfer (und entsprechend neurotisch geprägt), oder es tritt in die Scheinrealität einer Aufspaltung von Hülle (Fassade, Maske) und verstecktem Selbst. Das Kind lernt camouflieren. Es lernt, sich dem Anschein zu fügen. Dies geschieht selbstverständlich nicht von heute auf morgen. Es bedarf vieler tastender Versuche, das Täuschen zu erlernen. Die Fassade gelingt auch nicht perfekt. Nicht alles tropft sozusagen an der Maske ab. Manches dringt hindurch, muß verarbeitet, durchlitten werden. Manche Geschehnisse lassen sich auch ins Selbst integrieren, bringen die Persönlichkeitsstruktur voran, lassen das Kind reifen. Und einige traumatische Einflüsse lassen sich nicht verarbeiten, müssen verdrängt werden – sie stoßen später leicht durch die dünne Schicht der Maske. (Deshalb meinte ich an anderer Stelle, daß die Maske nicht immer, aber meist mit neurotischen Störungen und Symptombildungen einhergeht.)

Das Kind lernt die Maske schätzen als Krücke, sein schwaches und gefährdetes Selbst zu retten. Das Kind kann so den Ersatzpartner geben, die Sündenbockrolle überleben oder die Last des Ersatzideals ertragen. Der Keim zur Mimikry ist gelegt. Das Chamäleon, das sich nach den Bedingungen und Bedürfnissen der Autoritäten richtet und verfärbt, ist geboren. Das Motiv ist Angst, Furcht vor Strafe und Liebesentzug. Nur: die umgangene Unlust, die Umlenkung der Bedürfnisbefriedigung ins Heimliche, Verborgene, Nichtsichtbare macht eine erhöhte Selbstkontrolle erforderlich. Die Wahrnehmung des Kindes wird darauf trainiert, Entdeckung zu vermeiden. Sein Handlungsspielraum ist erheblich verengt. Und sein Erregungspegel ist im roten Bereich.

Das Spiel wird zur Haltung – Leben mit dem Rücken zur Wand

Das unartige, zornige Kind, die Anarchie seiner Gefühlswelt, wird der Kultur geopfert. Agent dieser Dressur ist die Familie mitsamt ihrer inneren neurotischen Dynamik. Das Kind hat als Abwehr der gestellten Forderungen gelernt, sein ›wahres‹ Ich hinter einer Maske zu verbergen. Form, Typus und Erscheinungsbild dieser Maske sind zunächst noch unscharf. Das Kind experimentiert spielerisch, wie es sich am günstigsten verbergen kann. Es kann beispielsweise seine Haßgefühle gegen die Eltern, die es zum Sündenbock stempeln, hinter ständiger Unterwürfigkeit verstecken (es wird ›brav‹). Der Rückzug kann sich jedoch auch als Starrheit äußern (das Kind wird reglos wie eine Salzsäule, versucht unsichtbar zu sein, nicht länger ›da‹ zu sein; es wird unscheinbar). Oder das Kind stellt sich unbeholfen, dumm, verweigert die geistige Entwicklung (»Ich kann nichts dazu, ich bin dumm, macht mich nicht verantwortlich«). Ähnlich wird sich beim Kind, das zum Ersatzpartner stilisiert wird, eine Haltung einprägen, die vermeintliche Erwachsenheit verkörpert. Das Kind wird ›vernünftig‹. Der stete Appell an sein Komplizentum zieht es aus den Träumen und Phantasien seiner Intimsphäre. Es stellt sich aus, beweist, daß es die Welt – wie ein Partner des projizierenden Elternteils – erfaßt. Die Gefühle, die es blockieren muß, um nicht in Inzestkonflikte zu treten, werden verdrängt (später wird die Neurose ihre Symptome als Kompromiß zwischen Gefühlssehnsucht und Realitätsdruck bilden) und die Vernunft, der Intellekt werden zum Regenten und alleinigen Maßstab gekrönt. Die Lust am Körper wird zum Vergnügen an Beherrschung mit dem Kopf. So etwa entsteht der kleine süße ›Egghead‹ (= Eierkopf), das altkluge, kalte Monster – die Maske gewinnt Profil. Dies um so markanter, eindeutiger, je besser der Applaus für das Maskentragen hörbar wird, je heftiger und gezielter die emotionalen und materiellen Belohnungen fließen. Die innere Glut des Kindes erlischt. Es bildet zunehmend Selbstkontrolle aus, die allmählich die Fremdkontrolle ersetzt, oder zumindest ergänzt.

Positiv ausgedrückt: gegen den äußeren Druck wird das Rückgrat gerettet, indem es abgepolstert wird. Diese Polsterung geht allerdings mit zunehmender Starrheit einher, die innere Beweglichkeit nimmt ab. Die Maske gewinnt Gewalt über die Persönlichkeit – ein Vorgang, der sich auch äußerlich in der Haltung, Gestik und Muskulatur ablesen läßt.

Die Maske als körperlicher Ausdruck von Restriktionen

Alexander Lowen hat in seiner Bioenergetik ein komplexes therapeutisches Modell entwickelt, das neben der Erinnerungs- und Assoziationsarbeit die Arbeit am und mit dem Körper einbezieht. Vereinfacht gesagt, geht er davon aus, daß sich Charakterstörungen in der Physiognomie des Menschen abbilden. Ob es sich bei einem Patienten um einen ›oralen‹, einen ›masochistischen‹, ›hysterischen‹, ›phallisch narzißtischen‹, ›passiv femininen‹, ›schizophrenen‹ oder ›schizoiden‹ Charakter handelt, läßt sich in seiner Theorie an der körperlichen Struktur feststellen, allerdings nicht unbedingt auf Anhieb, nach Augenschein, sondern erst im Zuge einer längeren Charakteranalyse, die immer auch die tiefenpsychologische Analyse einbezieht, zumal es den ›reinen Charakter‹ selten gibt, meist Mischformen auftreten und häufig lediglich ein Charaktertypus dominiert.

Hier ist sicherlich nicht der Ort, Lowens Konzept ausführlich zu referieren. In unserem Zusammenhang ist allein wichtig, festzuhalten, daß unser Körper keine unserem Einfluß entzogene Konstante ist. Mir hat einmal ein berühmter Gruppentrainer gesagt: »Spätestens ab 30 ist jeder Mensch für sein Gesicht selbst verantwortlich.« Er meinte damit etwas ähnliches wie Lowen: unser Körper reagiert immerwährend auf unser Tun, Fühlen, Denken und Bewegen. Ein simples Beispiel ist der Bizeps. Je öfter wir ihn anspannen und je höher die Gewichtsbelastung ist, die er dabei zu bewältigen hat, um so deutlicher wächst die Muskelmasse. Dies gilt für jeden Muskel unseres Körpers. Dabei ist uns nur bei einem Bruchteil der Muskulatur bewußt, daß wir sie benutzen. Die Affekte, die sich in unserem Gesicht niederschlagen, die Haltung, die sich in der Rückenmuskulatur ausprägt, die Intensität, mit der unsere Beine zum Boden stehen — all dies spüren wir erst, wenn wir uns darauf konzentrieren. Unsere Körpersprache, die Gestik und Mimik, der jeweilige Ausdruck unseres Gesichts bleiben uns weitgehend unzugänglich, es sei denn, wir beginnen uns zu spiegeln — in den Augen und Reaktionen der andern, oder mit technischen Hilfsmitteln wie Video, Film oder Fotografie. Aber auch dann können wir nur Vermutungen anstellen, was unser Körperausdruck sagt und mitteilt. Es wäre auch verfehlt, sich wie eine Marionette nach den Gefälligkeitsansprüchen der Gegenüber zu dressieren. Aber wir müssen klar sehen, daß wir den Großteil aller Lebensäußerungen körperlich absetzen.

Im Regelfall lesen wir am Gesicht eines Menschen ab, ob

er zu viel Alkohol trinkt. Wir können auch erkennen, ob er im Moment traurig, verzweifelt, amüsiert oder ausgelassen ist. Wir sehen, wenn jemand ›steif‹ ist, unsicher auf den Beinen (keinen ›Grund‹ hat, mit dem er auf der Basis seines Lebens steht), ob er oder sie ›abgehoben‹ ist, ›in der Luft hängt‹, sich ängstlich duckt, ›katzbuckelt‹, nach der Obrigkeit ›schielt‹, sich ›breit macht‹, seinen ›Platz ausfüllt‹ oder ›verhuscht‹ daherkommt − all dies belegt schon der Volksmund, der die entsprechenden Ausdrücke und Redewendungen ge- und erfunden hat. Aber aus diesen momentanen Handlungen werden mit den Jahren Haltungen. Wer fortwährend nach oben schielt und katzbuckelt, wird in seiner ganzen Körperaussage zum Prototyp von Unterwürfigkeit − einfach weil sich die Muskulatur entsprechend ausbildet, bzw. verspannt und reduziert. Und wer sich einen ›breiten Rücken‹ zugelegt hat und mit einem leblosen Gesichtsausdruck dahinbrütet, verrät uns eine Menge über sich. Tote, zurückgedrängte Augen ängstigen uns. Eine zerfurchte Stirn, vielleicht verbunden mit Tränensäcken oder tiefen Augenrändern, zeigt uns einen Grübler. Der Hohn des ›Hochnäsigen‹, der angestrengt gereckte Schädel (mit entsprechend ausgebildeter Nackenmuskulatur) verweisen auf einen Menschen, der sich zu ›halten‹ versucht. Fettschichten um den Oberleib, oft parallel zu schwach ausgebildeten Beinmuskeln, signalisieren jemand, der sich eine zweite Schicht um den Körper gemästet hat, um die Einflüsse des Außen abzuschirmen. Und das gepolsterte, rigide Kinn und die Falten des Argwohns zwischen den Augenbrauen, möglicherweise noch verbunden mit einschüchternden Gesten wie drohendem Zeigefinger oder in die Taille gestemmten Händen, lassen kein rechtes Zutrauen zu der Person aufkommen.

All dies ist nicht neu, zumindest unbewußtes (man könnte auch sagen: archetypisches, als Erfahrungsschatz von Generationen geronnenes) Wissen über unseren und andere Körper. Nur: so unwillkürlich, wie sich unsere

Angst, unser Glück oder unser Mißmut als Körperausdruck verfestigt, so verfestigt sich auch die Maske, wenn wir sie längere Zeit tragen.

Der Mensch, der fortwährend Fröhlichkeit mimt, den Clown oder den Sonnyboy abgibt, der sich als Stimmungskanone verkauft, erscheint uns eben nicht als einladendglücklich, sondern als jemand, der sich anstrengt, bemüht, diese Rolle zu spielen. Wir sind da in unserer unwillkürlichen Wahrnahme viel sensibler und reflektierter, als wir meinen. Das ewige ›keep smiling‹, das aufgesetzte Lachen beispielsweise, muntert ein Gegenüber nicht auf — was es erreichen soll —, sondern verstört oder provoziert Abwehr. Konkret: wir nehmen die Maske als solche wahr, wir entschlüsseln sie intuitiv. Wir sagen etwa: »Die Gerda ist sehr nett und immer freundlich und zuvorkommend, aber irgendwas stimmt da nicht.« Oder auch: »Ich kann nichts gegen den Kurt sagen, er verhält sich immer korrekt, aber ich mag ihn einfach nicht.« Wir können dann unsere Beobachtungen nicht präzisieren, wir können unsere Eindrücke nicht belegen, aber wir kehren uns von dem Menschen, den wir damit meinen, ab. Er wird zum Opfer seiner Maske. Und noch schlimmer: einer Maske, die im Lauf der Zeit Haltung geworden ist, den Körper geprägt hat und nur unter erheblichem Aufwand und mühsamster, schmerzhafter Anstrengung wieder loszuwerden ist. Denn das Lösen der Muskelverspannungen in der Therapie ist schmerzhaft — der Panzer muß durchbrochen werden. Auch wenn wir uns nach der Befreiung unseres Körpers von tiefstem Herzen sehnen, hält die Maske unser deformiertes Gewebe fest.

Insofern dürfte ein Prinzip deutlich geworden sein, mit dem wir innerlich jedem Menschen begegnen — wir hegen ein gewaltiges Mißtrauen gegen das, was unsere Augen erfassen, ziehen es auf den Raster unserer Erfahrungen, ordnen es nach Stimmigkeiten und Widersprüchen und wenn wir zur Diagnose: Maske — eine(r), der/die sich verstellt, was heißt, sich uns nicht stellt – kommen, erfassen wir intuitiv auch die Restriktionen, Wunden und Narben, die sich hinter der Maske verbergen. Dann sehen wir zwar möglicherweise nicht das einsame Kind, das die Eltern so oft in entscheidenden Momenten verlassen haben, hinter der Fassade des Sonnyboys, aber wir können es ahnen und wir spüren die sorgsam übertünchte Botschaft: »Und wie's herinnen aussieht, geht niemand was an.«

Einer solchen Begegnung entziehen wir uns dann rasch, sofern wir dazu in der Lage sind. Wenn aber die anderen vor unserer Maske zurückweichen, sollten wir schleunigst aufhören, sie zu verbessern, sie perfekter überzustreifen, sondern uns möglichst rasch von ihr lösen.

Entscheidend ist: aus der kindlichen Notwehr des spielerischen Aufbaus einer Maske wird eine Haltung, die in ihrem körperlichen Niederschlag eben die Schädigungen aufzeigt, die uns einmal veranlaßt haben, sie als Abwehr zur Rettung unseres Ich zu nutzen. Oder: die Maske sagt dem Betrachter häufig nicht nur, daß etwas verborgen wird, sondern auch, was versteckt werden soll.

Zwischen der Grundlegung unserer Maskierung in der Kindheit und ihrer beinahen Erstarrung im Erwachsenenalter ergibt sich jedoch noch eine Phase der Ausrichtung und Formung der Maske in der Adoleszenz.

Dabeisein ist alles – die Masken der Gruppen

Alleinsein und Einsamkeit sind nicht identisch. Wir wissen das. Hoffentlich – auch wenn wir uns selten danach richten und eine Menge Zeit und Mühe darauf verwenden, uns mit Menschen zu umgeben, die uns letztlich wenig zu geben und zu sagen haben. Was zählt, ist hierbei die Illusion, nicht isoliert zu stehen. So öden sich unzählige ›gute Bekannte‹ in Kneipen, Vereinen und auf Partys an, ratschen, tratschen über alles und nichts und blasen anstelle von Mit-teilungen (was das gefühlsmäßige Teilen eines Erlebnisses, einer Situation meint) luftige Sprechblasen in den verräucherten Raum — wie Comic-Figuren. Aber, wenn sich auch vorgeblich Erwachsene so verhalten, um wieviel weniger wird dann der Jugendliche mit sich fertig. In der Adoleszenz ist die Tendenz zum Weglaufen vor sich selbst am deutlichsten ausgeprägt. Teilweise mit gutem Grund, denn für den Heranwachsenden ist alles neu, Irritation, das Leben ist allemal ein Abenteuer. Die Phase der Jugend ist die Zeit der Entdeckungen, Piraterien und Forschungen: nach sich, der Liebe, Partnern, Freundschaften, Sex, Umgang mit Gewalt und innerer Aggression. Und diese Entdeckungsfahrten in die Lichterwelt der Größe und Bedeutung sind natürlich nur als ›Mannschaft‹, als ›gang‹, oder neutral ausgedrückt: als Gruppe Gleichaltriger, als ›peer group‹ vorstellbar. Denn das Neue, Aufregende ist erstens ja nicht immer ganz ungefährlich, zweitens braucht man jemand, dem man seine Empfindungen angesichts des Erforschten unterbreiten kann und drittens ist die Erfahrung des Mit-einander, des ›im Team seins‹ eminent wichtig.

Nur so läßt sich Wirkung auf Fremde in einer relativ geschützten Atmosphäre, fast noch spielerisch ausprobieren. So wächst der Teenager am Feedback (= der Rückmeldung) der Freunde in der Gruppe, wie auch der gemeinsamen äußeren ›Feinde‹. Ist er/sie eine Führerfigur, die bestimmt und vorangeht? Oder ein emotionaler Mittelpunkt, den jeder mag, der sich aber im Hintergrund hält? Oder doch ein Außenseiter, mit nur zwei, drei engen Bindungen? Hunderte solcher Stellungen in Gruppen sind denkbar und bekannt — sie werden in der Sozialpsychologie gewöhnlich mit Soziogrammen entschlüsselt, also indem man fragt: »Wen magst du? Wen nicht?«, oder aber in verschlüsselter Form: »Mit wem würdest du heute abend gern ins Kino gehen? Mit wem keinesfalls?« Stellt man die Ergebnisse grafisch dar, läßt sich sofort ersehen, ob der/

die Betreffende ein ›Star‹ ist, auf den alle Beziehungspfeile zulaufen, oder ein Eremit ohne Sympathielinien. Wichtig ist für den Jugendlichen, seine Position auszutarieren, sich in seiner Teamfähigkeit zu überprüfen und gegebenenfalls zu korrigieren. Aber: die ganze Angelegenheit hat zwangsläufig einen dicken Haken. In unserer menschlichen Hackordnung, die sich letztlich doch gar nicht so sehr von derjenigen eines Hühnerhofs unterscheidet, will jeder lieber ›hacken‹, als gehackt werden, jeder lieber bestimmen, herrschen, als bestimmt oder beherrscht werden (lassen wir Zustände von Resignation, Selbstaufgabe, philosophischer Weltabkehr mal außer Betracht) − das menschliche Aggressionspotential ist schon per instinktiver Prägung hinreichend auf Sieg und Überwindung eingestellt, um sich nicht gerne von einer Gruppe, oder sagen wir in dem Fall ruhig Meute, unterbuttern zu lassen. Die Moral, der Ehrenkodex einer Gruppe, die geschätzten Werte und die verachteten Einstellungen sind jedem Mitglied mehr oder weniger geläufig. In der Straßengang der Bronx gilt es etwa, besonders großmäulig, stark, flink, gewandt und einfallsreich im Ausbaldowern von ›Coups‹ zu sein und absolut loyal zu den Führern und Mitgliedern der Gang zu stehen. Wer diese Kriterien am besten und sichtbarsten erfüllt, rutscht in der Hackordnung Stufe um Stufe nach oben. Das gleiche Prinzip, angewendet auf bürgerliche Verhältnisse, läßt sich beispielsweise bei Burschenschaften feststellen: die Rangordnung ist hier nur schon an Uniform und Sitzordnung beim ›Kommers‹ ablesbar, die Regeln sind schriftlich niedergelegt und auch Formen der Aggression und Auseinandersetzung sind ganz exakt geregelt (›Mensurordnung‹). Wenn es auch in jeder derartigen Gleichaltrigengruppe neben der formalen, äußerlichen, eine stillschweigende innere Rangordnung gibt (etwa: der heimliche Vertraute des Führers, oder der Seelentröster), so ist doch eines jedenfalls deutlich: fast jedes Mitglied der Gruppe ist um möglichst hohes Ansehen bei den anderen bemüht. Und ist jemand gehandikapt, oder geht ihm der Aufstieg nicht schnell genug, kann er anfangen zu täuschen, sich ›aufzuplustern‹. Er kann Gerüchte über sich verbreiten, die belegen, wie angesehen er außerhalb der Gruppe ist. Er kann Geschichten erfinden oder inszenieren, die seine Kraft oder Klugheit beweisen. Er kann intrigieren, sich Verbündete innerhalb der Gruppe suchen, die er mit Erpressung oder Versprechungen an sich bindet. Jede Form von Maskierung ist möglich, einsetzbar und erfolgversprechend, solange sie die Wertmuster der Gruppe bedient. Insofern prägt jede Gruppe gleichzeitig mit ihren Werten einen Kanon von Möglichkeiten, diese Werte nicht eigentlich zu erfüllen, sondern sie maskiert zu umgehen. Und geradeso werden Masken unbewußt entworfen, deren gemeinsamer Nenner Tüchtigkeit und Geltung heißt. Ein männlicher Teenager kann schwach und blaß erscheinen, in der Motorradgang ständig geduckt werden. Er kann aber auch die Spielregeln erlernen, sich ein besonders PS-starkes Motorrad zulegen, sich aufregende Ledergarderobe kaufen und beim Zusammentreffen mit Mädchen den Macho heraushängen lassen − allmählich wird sich sein Prestige steigern, wenn er seine Maske der Stärke nur geschickt genug verkauft. Wenn er das nicht schafft, kann er sich immer noch der Maske des Schwachen, Hilflosen bedienen (die Gebärden der Unterwerfung zeigen) und unter dem Rockzipfel der Gruppe überwintern.

Symbole der Auflehnung gegen Eltern und ›Establishment‹

Umgekehrt züchten sich Gruppen Jugendlicher Symbole der Aus- und Abgrenzung geradezu heran. Dies nicht nur als Verbindlichkeit nach innen, sondern auch als Drohgebärde, Provokation oder Ausdruck einer eigenständigen Philosophie nach außen. Ein naheliegendes Beispiel sind die Hippies der sechziger Jahre: sie ließen die Haare wachsen, kleideten sich betont bunt und leger, forderten die ›freie Liebe‹, probierten Drogen aus, schufen sich — hauptsächlich in ihrer Musik — eine eigene Kultur, predigten neue Werte wie ›Liebe statt Krieg‹ oder ›Trau keinem über dreißig!‹. All dies bewirkte ein Erschrecken der Erwachsenen, die sich abgestoßen fühlten und erregt nach Recht und Ordnung schrieen. Aber gerade dieser äußere Druck schweißte die Gruppe noch enger zusammen, installierte die Werte und Wertmuster noch fester. Und erzeugte den Zwang, sich sichtbar mit der Gruppe zu solidarisieren. Ein Hippie mit Streichholzfrisur und grauem Anzug verriet die Regeln und stellte sich neben die Gruppe — er lief (so sahen es seine Freunde) vor der Auseinandersetzung mit der Elterngeneration davon. Er machte Kompromisse, verweigerte die Attribute der Dazugehörigkeit und damit die Rebellion.

Ganz ähnlich war die Punk-Bewegung der späten siebziger Jahre gelagert, auch die Rocker mit ihrer Leder-, Waffen- und Totenkopfsymbolik. Die Werte der Allgemeinheit wurden umgedreht, auf den Kopf gestellt. Aus den Predigten der Eltern über Sauberkeit, Anstand und Disziplin wurde die Gruppennorm von Ungepflegtheit, Pöbelei, Randale — und nur dem genau hinsehenden Beobachter fällt auf, daß sich Anstand und Disziplin nur verkleidet hatten, denn die Disziplin zur Gruppe war genauso eisern wie die vordem zur bürgerlichen Gesellschaft eingeforderte.

Nun gibt es in jeder größeren Gruppe von Menschen Leute, die sich mit den Worten und Normen der Gruppe nicht identifizieren wollen oder können. So manche Punk-Braut mag sich in ihrem Innersten nach Designerkleidung sehnen und die Ratte auf der Schulter anderer Mit-Punks ekelhaft finden. Aber wenn sie zu den Gruppenmitgliedern erst einmal Zuneigung gefaßt hat, Verständnis für ihre Sorgen und Probleme findet, sich möglicherweise in jemand aus der Gruppe verliebt, wird ihre Verlustangst, die absehbare Empfindung von Unlust größer als die gefühlsmäßigen Hindernisse, die Gruppenmuster anzunehmen, überzustreifen. Der naheliegende Ausweg aus der Misere ist in solchen Fällen wiederum die Maske: man erfüllt die äußeren Anforderungen und kann so die wesentlicheren körperlichen und seelischen Bedürfnisse befriedigen. Rückblickend werden diese Menschen dann von Mitläufertum reden. Sie distanzieren sich von den Inhalten der Gruppe und sagen, ihre Zugehörigkeit sei rein äußerlicher Natur gewesen. »Ich fand die schwarzen Klamotten doch so geil«, oder »Wer in seiner Jugend kein überzeugter Sozialist gewesen ist, kann nie ein guter Demokrat werden« (Churchill). Von den Millionen Mitläufern etwa des Nationalsozialismus (die ›ganz kleinen Parteimitglieder‹) nicht zu sprechen.

Immer geht Gruppenidentifikation mit einem Verlust an Persönlichkeit einher, es sei denn man gründet seine ureigene Gruppe und macht die persönlichen Maßstäbe zu den Spielregeln der Gemeinschaft – wie etwa ein Bhagwan oder andere Gurus und Sektenführer. Einigermaßen starke Persönlichkeiten neigen daher dazu, sich sozusagen von ihrer Körperlichkeit zu trennen. Sie spalten den Körper ab, der, indem er die Symbolik der Gruppe übernimmt, der Gemeinschaft geopfert wird. Der Mitläufer behält jedoch – so meint er zumindest – seine ›Seele‹. Nur, selbst wenn er stillschweigend seine Authentizität behält, wenigstens kommt es zu einer Desintegration von Körper und Gefühl: der Mitläufer ist ›nicht Fisch, nicht Fleisch‹, letztlich einsam inmitten einer Vielzahl, die lediglich seine Anpassungsleistung belohnt.

Herrschaft und Unterordnung

Nun wäre es allerdings ein Irrtum, anzunehmen, weil Masken mit Mitläufertum und Einordnung einhergehen, sei jemand, der ›oben‹ ist, grundsätzlich in der Lage, auf Maskerade zu verzichten. Dem ist nicht so, Maskenlosigkeit resultiert weniger aus äußerer als innerer Stärke. Nicht wer ›oben‹ ist kann sich alles leisten, kann sich kongruent zu seinen Gefühlen und Bedürfnissen verhalten. Herrschaft besitzt durchaus eine Dimension der Last – denn auch die Führerrolle muß ausgefüllt werden. Der Führer kann sich kaum ungefährdet fallen lassen, sich beispielsweise ausweinen. Er hat innerhalb der Gruppe kaum die Chance, sich zur Diskussion zu stellen. Er muß entscheiden, jeder Zweifel, der ruchbar wird, schwächt seine Position. Er ist zur Dominanz verurteilt. Deshalb ziehen sich auch viele Führer nach einer ›aktiven‹ Zeit auf die Position des informellen Führers zurück: sie werden Berater, Ehrenvorsitzende oder Aufsichtsratsmitglieder. Ein solcher Wechsel ist übrigens häufig der Griff nach der Möglichkeit eines ›ehrenvollen Abgangs‹, ohne ›das Gesicht zu verlieren‹. Man einigt sich mit der Außenwelt darauf, die Maske zu wahren, und verzichtet dafür auf Privilegien. Nur: die Maske ist vorher natürlich, zumindest unter den Eingeweihten, entlarvt. Der ›Kotau‹, die zeremonielle Verbeugung vor der neuen Herrschaft, hat stattgefunden.

So bedingt jede Machtstruktur zunächst Maskerade, auf allen Ebenen der Hierarchie. Folgerichtig ist die Sehnsucht alternativer Zirkel nach ›repressionsfreien Räumen‹ (also herrschaftsfreien Zonen) immer auch die Sehnsucht, sich endlich der Maske zu entledigen. Um diese Erkenntnis zu verdeutlichen, müssen wir uns noch einmal ganz bildhaft vor Augen führen, wie die Maske zur Reaktion auf Herrschaft wird. Entweder, wie oben gezeigt, als Problemlösung des einzelnen durch Mitläufertum. Oder indem die Führung explizit Änderung eines Verhaltens verlangt. ›Ändere dich!‹ meint: unterwerfe dich den Spielregeln. Wo dies nicht möglich ist, wird die Maskierung regelrecht verlangt. Denn nur die Wirkung ist zunächst kontrollierbar, nicht die Haltung. Derartige abstrakte Forderungen, bei denen das Gruppenmitglied nicht zur Einsicht oder Überzeugung geführt wird, sichern zwar die Regeln und damit das Herrschaftsgefüge. Aber sie produzieren Marionetten. Wie den Banklehrling, der sich die Krawatte umzubinden hat, weil er sonst den Job verliert. Oder das Mädchen in der katholischen Landjugend, das ›sich einem Mann hingegeben hat‹, mit Ausschluß bedroht und gezwungen wird, ein Doppelleben zu führen, an dem es vermutlich irgendwann zerbricht.

Uns allen fällt es unsäglich schwer, nicht ›anzukommen‹. Und wenn wir auf unserem Weg einen Punkt erreicht haben, wo es zumindest so aussieht, als seien wir angekommen, fällt es uns schwer, wieder zu gehen. In unserer Bedürfnispyramide ist eben die Sucht nach der Liebe der andern meist größer als nach der Liebe zu uns selbst — so wurden wir als Kinder geprägt und in der Teenagerphase geformt.

Noch verständlicher wird dieses scheinbar widersinnige Handeln gegen unser Selbst, wenn wir konkret untersuchen, was und wie uns die Maske (vermeintlich) nützt.

Der Nutzen der Maske

Als Teenager haben wir die Symbole kennengelernt, die uns bei fremden Menschen zutraulich werden lassen. Der Skin-Head erkennt schon von weitem einen Sympathisanten an der grünen Bomberjacke, den kurzgeschorenen Haaren, den Kampfstiefeln. Ähnlich wie der Fußballfan andere Clubanhänger an den Wimpeln, Fahnen, Schals und Farben ausmacht. Und so sortiert er Freund- und Feindbilder und orientiert sein Verhalten danach. Diese um Eindeutigkeit bemühten Masken mit Uniformcharakter sind, wie bereits an anderer Stelle erwähnt, von Vorteil. Sie beschleunigen Kontakt, Kommunikation, Zuordnung. Deshalb bestehen auch insbesondere militärische Einheiten, oder etwa in Asien Großfirmen, auf Einheitsuniformen ihrer Angehörigen. Wäre die Maske keine Maskerade, sondern Abbild der inneren Haltung, so hätten wir alle davon einen Vorteil: wir könnten sehen, was mit diesem Menschen los ist, auf den wir eben treffen. Ob er uns schaden kann, eine Gefahr ist, was er uns anbieten und bedeuten kann. Berechenbarkeit und Verläßlichkeit der Sozialkontakte wären das Resultat. Nur wissen wir genau – so verhält es sich in den seltensten Fällen. Wir kennen das Problem der Mitläufer, Intriganten, unsicheren Rollenspieler, klischeebefangenen Regisseure. Oder anders herum – Äußerlichkeiten waren über Jahrtausende hinweg fest geordnet und zuschreibbar. Mit der bürgerlichen Freiheit kam die Chance, mit Symbolen zu täuschen, ohne Gefahr für Leib und Leben zu laufen. Die Maske ist das logische Resultat einer nicht durchgängig verbindlichen Moral, bzw. Wertordnung. Dafür ein Beispiel: es ist hierzulande Brauch, die Verbundenheit mit einem Lebenspartner durch Ringe (Verlobungs- oder Eheringe) anzuzeigen. Jeder Kontaktsuchende erhält dadurch die Botschaft: »Laß deine Finger von mir, ich bin besetzt.« Diese Botschaft war lange Zeit — sehen wir an dieser Stelle einmal ab von der patriarchalischen Doppelmoral — eindeutig für alle Seiten. Der Ring symbolisierte ein Tabu, dessen Bruch Bestrafung nach sich zog: Forderung zum Duell für den Verführer, oder eine Tracht Prügel, Verstoßung und wirtschaftliche Not für die Verführte, rechtliche Sicherheit für denjenigen, dem die ›Hörner aufgesetzt wurden‹. Dieses System hat in einigen Ländern, speziell in besonders katholisch geprägten Regionen, beispielsweise einigen südamerikanischen Ländern, auch heute noch erhebliche Bedeutung. In liberaleren Gegenden jedoch bedeutet der Ring kein eindeutiges Signal mehr. Ist der Mensch mit dem Ring verheiratet, oder trägt er ihn nur (was bei Frauen häufiger vorkommt), um mögliche Verehrer abzuschrekken? Ist die Person ohne Ring tatsächlich ›zu haben‹, oder geht hier nur ein ehemüder Galan auf Abenteuersuche? Ist der Ring bei ihm/ihr bloße Konvention und ist er/sie im Zeitalter angeblicher sexueller Freizügigkeit nicht für eine Affäre durchaus aufgeschlossen? Fragen, die sich ohne intensive Kenntnis des Ringträgers nicht beantworten lassen. Fazit: das Symbol ist als Kommunikationshilfe wertlos geworden. Darüber hinaus weisen in aller Regel nicht alle Symbole, derer sich ein Mensch bedient, in die gleiche Richtung. Seine Kleidung kann der Körpersprache widersprechen (der verführerische Vamp zuckt mit den Augenlidern und wehrt mit wegschiebenden Handflächen jede Begegnung ab). Oder der Text des Gesagten der Mimik (»In zuckersüßem Ton sagte er: ›Ich hab' dich zum Fressen gern!‹ und biß mit seinen Zähnen aufeinander, als hätte er meine Nase dazwischen.«). Oder die Accessoires der Galarobe sind punkige Sicherheitsnadeln als Schmuck (der Versuch, durch Stil-Brüche Einzigartigkeit, Originalität und damit Persönlichkeit herzustellen), aber die Dame orientiert sich in ihrem Geplapper ausschließlich an den diversen Hit- und Bestsellerlisten der Kulturliga. Womit wir uns den Vorzügen der Teilmasken nähern.

Teilmasken: kaschieren und leugnen

Das kennen wir alle: die Sonnenbrille am Morgen nach einer durchzechten Nacht, den Hut, den sich ein Mann tief in die Stirn zieht, ehe er den Sex-Shop betritt, das Toupet oder die Perücke, die lichtes Haar rasch wieder prachtvoll erstehen läßt, oder die Spezialschuhe, die den etwas klein geratenen Körper um einige Zentimeter emporheben, ganz abgesehen von den Segnungen und Tragödien der kosmetischen Chirurgie, wo aus geknitterten, aber lebensechten Gesichtern Totenmasken geliftet werden, die jedes Lachen wie eine reißende Plastiktüte erscheinen lassen.

Diese kleinen Tricks aus der Sorge um Schönheit sind verzeihbar, und ich plädiere keineswegs für die Kernseifenidylle oder die Ungepflegtheit biodynamischer Schlabberlooks — denn die unbedingte Verweigerung gegen die Auswüchse der Kosmetikindustrie ist spätestens dann lächerlich, wenn die Wässerchen und Salben nächtens heimlich aufgetragen werden und das Beauty-case immer dann zum Einsatz kommt, wenn's in andere Orte oder den ersehnten Urlaub geht und keine Mitstreiterin der reinen Lehre zusieht.

Der Knackpunkt heißt: unterstreiche ich mein Selbst, definiere ich es äußerlich, oder leugne ich die Makel einfach, deren psychische Verarbeitung und Überwindung ich verweigere? Es ist beileibe nichts gegen Fitneß-Center einzuwenden, um die Fettpolster abzubauen, die den Atem träge, den Körper lahm und den Blick in den Spiegel zur Angstvorstellung machen. Aber wer sich nur liebt und vertraut, wenn er endlich den trendgerechten Popo erreicht hat, ahnt längst, daß er in seiner Identität als Sexualpartner keinen Schritt vorankommt. Das ist Reduktion, nicht Wachstum der Persönlichkeit.

Der Körperkult ist freilich nur ein Schlachtfeld des Kaschierens. Denken wir zurück an die Inszenierungen in unserem Lebensscript. Wir können in Zeit und Raum täuschen – uns nur dann in der Öffentlichkeit bewegen, wenn wir ›gut drauf‹ sind und uns so das Strahlemann-Bild erhalten. Wir können uns beim Ausgehn auf Diskotheken beschränken, in denen aufgrund der lauten Musik ohnehin nur ein Austausch von Statussymbolen möglich ist, und uns unseren dortigen Bekannten und ›Freunden‹ tagsüber entziehen, wenn wir uns ihnen im Gespräch stellen müßten.

Wir können auch unsere Sprache ›hochzüchten‹, uns von unserem Dialekt, damit von unserer Herkunft und Kindheit, abwenden oder uns einem Soziolekt verschreiben, dem ›Soziologenchinesisch‹, der nüchternen Sprache der Juristen, oder der stets latent-sexuellen Provokation im ›slang‹ des Kiez.

Wesentlich ist beim Kaschieren die Überlegung, ob es mir in der Situation hilft, meine Emotionen zu vermitteln, oder ob ich verleitet werde, mich auf das zu verlassen, was diese Krücken vermitteln.

Das Flair des Geheimnisvollen

Wir versuchen zwar unser Leben ständig zu ordnen, Strukturen und Gestalten zu schaffen, aber damit bedienen wir bloß die Ebene des Ich, der Vernunft. Unsere Gefühlswelt ist weniger auf Fakten, Sicherheit und nüchternes Zuordnen erpicht. So unterliegen wir gleichzeitig einer unterschwelligen Suche nach Kompliziertheit. Maskieren wir nicht allzugern das, was ›auf der Hand liegt‹? Ein triviales und ein komplexeres Beispiel: Ein Mensch, um dessen Nähe wir bemüht sind, weist uns ab. Was unterstellen, vermuten wir nicht alles, warum er uns das antut. Assoziiert er mich unbewußt mit einer verhaßten Figur seiner Entwicklung? Ist ER, der SIE verschmäht, nicht – mindestens latent – homosexuell? Würde SIE ihn nicht sofort lieben, wenn sie nicht so ungeheuren Respekt vor seiner intellektuellen Größe und Bedeutung hätte? Hat ER sich IHR nicht deshalb verweigert, weil er sie über Susi kennt, die ihn – was er genau weiß – vergöttert? Diese Spekulationen über undurchsichtige Hintergründe haben den Vorzug, die Motivation der andern von unserem Selbst abzulenken – wir projizieren ins Verwickelte, Komplexe, ja Dämonische.

Der Eifer fürs Komplizierte ist aber auch Zeichen westlicher Welt- und Wissenschaftssicht. Wer kaum Nachvollziehbares produziert oder erdenkt, erfährt die größte Hochachtung. Ohne die Verdienste dieses Genies zu schmälern: hätten mehr Menschen Einsteins Relativitätstheorie bis ins Detail verstanden, er wäre weniger ›sagenumwoben‹ geblieben. Oder der Literat Arno Schmidt – erst als er mit ›Zettels Traum‹ ein unüberschaubares Mammutwerk vorlegte, an dem sich die Kritiker und Literaturwissenschaftler die Zähne ausbissen, wurde er als Mythos so richtig populär. Wir Menschen neigen eben dazu, uns vor dem Unfaßbaren am tiefsten zu verneigen.

Daher rührt auch der ewige Reiz des Geheimnisvollen. Magier, Hexen, Alchimisten und andere Goldmacher halten unsere ausgedörrte Phantasie in Schach. Vom Reiz des Enträtselns leben ganze Literaturgattungen. Wer ist der Mann hinter der Maske? Wer ist der Täter? Wer war Rasputin wirklich? Die Antwort auf Fragen ist in uns archetypisch als Schlüssel zu hohen Belohnungen gespeichert: die Rätsel der Sphinx, die Fragen an die Helden und Halbgötter der griechischen Sagen geradeso, wie die Proben des Einfallsreichtums, den die übermütigen Verehrer im Märchen zu liefern hatten, ehe sie die Hand der Prinzessin erreichten.

Wir ahnen ziemlich genau, auf welche intellektuellen Reizquellen unsere Mitmenschen programmiert sind und anspringen. Die Chance, sich als intelligent zu beweisen, läßt sie unsere ›geheimnisvollen‹ Versteckspiele mitmachen. Sie wollen ›dahinterkommen‹, was ›an der Sache dran ist‹. Sie sind neugierig — für die menschliche Psyche ein eigentlich zweckmäßiger Antrieb, speziell für das Kind: zu entdecken, sich von der Mutterbrust zu lösen, Welt zu erfahren — wollen den Code knacken. Dazu bedarf es nicht einmal einer extrinsischen (äußerlichen) Belohnung. Der Vorgang des Entschlüsselns birgt hinreichend Genuß in sich. (Wer jemals mit einem Computer spielte, weiß, wovon ich rede.) So erhalten wir besondere Aufmerksamkeit, wenn wir uns den Nimbus des Undurchsichtigen geben. Man schaut auf uns, widmet uns Zeit, sucht unsere Nähe, je komplizierter und geheimnisvoller wir uns geben. Schauen wir beispielsweise auf Klaus. Er gibt sich wie ein spanischer Grande. Fragen nach seinem Beruf oder irgendwelchen Beschäftigungen prallen an ihm ab — bestenfalls schleudert er einige vage Andeutungen über irgendwelche wichtigen Geschäfte ins Volk. Aus seiner Adresse macht er ein ›top-secret‹. Seine Geheimnummer hat er sich allergrößten Aufwand kosten lassen. Er taucht stets ungeplant auf. Er verhält sich, wie sich Otto Normalverbraucher James Bond vorstellt. Doch hinter dieser Maske verbirgt sich ein ungemein sensibler, ängstlicher Student im x-ten Semester, der in seinen Augen nichts zuwege gebracht hat und sich gottserbärmlich schämt. Er hat allerdings entdeckt, wie er mit seiner ›Nummer‹ jeder intensiven Begegnung ausweichen kann. Er muß nicht von der Brutalität sprechen, mit der ihn sein Stiefvater an den Rand des Totschlags trieb. Nicht von den Gefühlen, als der Rivale ihm seine Mutter wegnahm. Er muß nur schweigen und falsche Fährten legen. Das sichert ihm seine ›Ruhe‹. Er kann sich für bedeutsam, beliebt, erfolgreich halten. Seine Umgebung rätselt — und er ist der Mittelpunkt dieses Rätsels. Er erhält die Aufmerksamkeit, nach der er sich seit Kindertagen sehnt, als er in Internate abgeschoben wurde. Wenn ihm jemand zu nahe tritt, ihn durch persönliche Fragen auf sich zurückstößt, flüchtet er sich in den Mythos, mit dem er sich umgibt. Er suhlt sich in seiner Verlassenheit und drapiert sich mit glänzendem Zynismus. Und wer ihm wirkliche Be-achtung schenkt, wird ihn nie wiedersehen. Wer ihn in seiner Einsamkeit aufstört, wird erfahren, daß er nie allein ist, immer umgeben von einer Menge, die an seinem Geheimnis nagt – aber er bekommt keine Freundschaft, nur Interesse, keine Liebe, nur Geliebte. Und eines Tages wird er unter sich zusammenbrechen, der Körper wird ihm entfremdet den Dienst verweigern, er wird sich seinen eigenen Geheimnissen überantworten und in die Schizophrenie einer Eigenwelt abtauchen, oder seine Energien in tiefen Depressionen verlieren. Denn ›die Geister, die wir riefen‹, sind uns nur begrenzt zu Diensten. Irgendwann übernehmen sie das Steuer und segeln mit uns fort.

Cool sein – der Gefühlspanzer als angenommene Erwartung

Masken unterliegen Moden. Dabei wird meist das zur Mode, was allgemeinen Bedürfnissen entgegenkommt. Und dies in doppelter Hinsicht: als Entsprechung zu zeittypischen Werten und Befriedigung gesellschaftlicher Mangelzustände. Erlauben wir uns zur Illustration deshalb einen kurzen zeitgeschichtlichen Rückblick, ehe wir auf unsere gegenwärtige psychosoziale Position eingehen.

Die vierziger Jahre unseres Jahrhunderts waren die Ära des allesfressenden Krieges, der materiellen Entbehrungen der Nachkriegsjahre – Hunger, Wohnungslosigkeit (= Kälte), körperliche Auszehrung und Krankheit waren an der Tagesordnung. Im Sinne der Maslowschen Bedürfnispyramide heißt das: die menschlichen Grundbedürfnisse (Nahrung, Sicherheit vor äußeren Feinden und körperlicher Unversehrtheit, Schlaf) waren nicht gestillt. Entsprechend wertvoll erschienen Menschen und Gelegenheiten, die eine Befriedigung dieser Mangelzustände versprachen. Diese hatten subjektiven wie objektiven Wert. Wer etwas zu essen oder ein gut geheiztes Zuhause hatte, war jemand, dessen Zuneigung und Nähe gesucht wurden. Und wer diese Dinge nicht aufzuweisen hatte, spielte entweder die Rolle des Bittstellers (›Hamsterfahrten‹), verkaufte seinen Körper (›anschaffen gehen‹ oder sich ein ›Bratkartoffelverhältnis‹ zulegen), oder er appellierte an Familiensinn, Tradition oder alte Freundschaft. Umgekehrt ließen sich sekundäre Bedürfnisse (etwa Sexualität, Nähe oder Aufmerksamkeit) gegen mangelnde Güter eintauschen. Oder man täuscht ihre Befriedigung einfach vor.

In den fünfziger Jahren erfolgte eine weitgehende Konsolidierung, es wurde angeschafft, aufgebaut, dem möglichen Mangel vorgegriffen. Es waren die Jahre des Wirtschaftswunders. Man ›war wieder wer‹. Und am meisten war man oder galt man, wenn man die Werte der längerfristigen materiellen Sicherheit möglichst optimal verinnerlicht hatte und repräsentierte. Bleiben wir bei den zwischengeschlechtlichen Beziehungen: der ideale Partner war solide, zuverlässig, strebsam, fleißig und treu. Erotische Qualitäten und äußerliches Erscheinungsbild blieben weiterhin zweitrangig. Wer täuschen wollte, gab sich, um Erfolg beim andern zu erlangen, solide und korrekt. Der windigste Hallodri verpaßte sich die Maske des Biedermanns und traf genau den Nerv der Zeit.

Als in den sechziger Jahren der Wohlstand für breite Schichten gesichert erschien, konnte man sich den Luxus der Reflexion, des Nachdenkens und Nachfragens erlauben. Die Sinn- und Warum-Fragen bekamen Konjunktur. Wer nicht mehr ums Überleben kämpfen muß, kann überdenken. Und plötzlich war Kritik ein Wert. Man gab sich aufmüpfig, unzufrieden, intellektuell. Die Maske zum sozialen und sexuellen Erfolg war der ›unruhige Geist‹, der alles ›hinterfragte‹. SIE ging mit IHM ins Bett, wenn er brav seinen Marx geschmökert hatte. Und wer möglichst rotzig den Mund aufriß, erschien als Held. Kaum ein Mittelschichtler mochte noch den bourgeoisen Gang zum einträglichen Erwerb gehen, Arbeit und Karriere wurden (vor sich und anderen) als ›Marsch durch die Institutionen‹ verbrämt, ›Engagement‹ war die Zauberformel. In den siebziger Jahren unseres Jahrhunderts erschienen die meisten Träume von grundlegender Veränderung ausgeträumt. Die ›Wende‹ deutete sich an, nicht nur politisch, sondern auch im alltäglichen Miteinander. Die Flucht nach innen begann. In der Kunst und Literatur begann die Phase des ›Ich-Käses‹, wie erzürnte Kritiker schmähten. Sekten, Religionen, Psycho-Marathons, gruppendynamische Workshops, der Blick in die Weisheit des fernen Ostens, die Faszination des Okkulten und Esoterischen gewannen Oberwasser. Das ›New-Age‹, das Zeitalter einer neuen Sinnlichkeit und Sinnhaftigkeit, brach allerorten langsam an. Und überall sprossen die Trittbrettfahrer, hielten öffentliche Nabelschau, wurden Männer weich, zerbrechlich und schutzheischend, stylten sich zu ›Softies‹. Frauen erkannten ihre Macht, schlossen sich zu Gruppen und Bewegungen zusammen, forderten ihre Rechte ein und durchbrachen ihre jahrhundertealten, aufgezwungenen Rollen im Umfeld von ›Kinder, Küche, Kirche‹ — ob das neugewonnene Bewußtsein echt, Selbsttäuschung und angestrengtes Bemühen oder bloße Fassade war, erwies sich erst mit den Jahren; vorläufig war wichtig, den Zug der Zeit nicht zu versäumen.

Das Pendel der Zeit schlägt zum Extremen. Es holt Schwung in der These und schwingt zunächst in die Antithese (den Widerspruch), ehe sich eine Synthese (ein Ausgleich) herstellen läßt. Diese Erkenntnis hat nicht nur die Philosophie der letzten beiden Jahrhunderte bestimmt, sie beschreibt auch eine Grundregel menschlichen Verhaltens. Wer das Glück nicht in der Stille findet, sucht es im Lärm. Wer vom Tag enttäuscht wird, flieht in die Nacht − ehe er es in sich entdeckt. So entwickelte sich aus der fraglosen Biederkeit das Trugbild der radikalen Vernunft und aus dem Trip in die Innerlichkeit in den späten achtziger Jahren die Selbstaufgabe an die Illusionen des schönen Scheins. Der wohlbestallte Erfolgsmensch, ob er nun ein ›Yuppie‹ ist oder ein ›Dink‹ (›Zwei-Einkommen-keine-Kinder‹), weiß seine primären Bedürfnisse im Übermaß gesichert. Er meint auch zu wissen, daß die Suche nach Sinn und Selbst wenig ›gebracht‹ hat. Der Prototyp unserer Tage findet sich im Konsum und verschafft sich in Luxus, Kosmetik und kostbarer Garderobe seinen Ausdruck. Er bedarf keiner Rechtfertigung, sortiert seine Umgebung einzig nach Maßstäben von Ästhetik und Design. Der letztlich ersehnte Wert unserer Gegenwart heißt Schönheit, oder neudeutsch Beauty.

Nur: Schönheit ist zerbrechlich. Bewegung kann sich in Schweiß äußern, der das teuerste Parfüm zunichte macht. Temperament kann sich in Laufmaschen der Seidenstrümpfe niederschlagen, die spontane Umarmung zu Rotweinflecken führen, ein falsches Wort, eine unüberlegte Bemerkung die Feierabendidylle trüben. Als Allheilmittel dagegen empfiehlt sich Kühle, vornehme Distanz, ›Coolness‹. Eine Freundin, die in New York lebt, hat mir einmal erklärt: »Heutzutage heißt Liebe in den USA: zwei Intimsprays treffen aufeinander.«

Die Wurzeln dieser Wertigkeit scheinbarer Kälte reichen freilich tiefer, über die Sphäre des Pragmatischen hinaus.

Die Gefahren des ›Sicheinlassens‹

Wer sich von unserer Maske bedienen läßt, fordert uns nicht wirklich. Wir müssen uns ihm nicht stellen, brauchen uns nicht auf unser Gegenüber ›einzulassen‹. Denn dieses Einlassen, sich wie nackt oder hilflos vor einen andern hinstellen, bringt zwangsläufig Verletzlichkeit mit sich. Der Chef, der seiner Sekretärin liebevoll über die Haare streicht, liefert sich ein kleines Stück aus. Die übrigen Mitarbeiter könnten tuscheln, klatschen, ihnen ein Verhältnis andichten. Die Sekretärin könnte ihn bloßstellen, etwa anfangen, ihn ebenfalls vor Fremden zu streicheln. Oder sie könnte seine spontane Regung, das herzliche Lob, mit einer prompten Forderung nach Gehaltsaufbesserung quittieren. Also bleibt der vorsichtige Chef besser in seiner Rolle, äußert seine Zufriedenheit und Anerkennung nicht, oder nur in einem beiläufigen ›Danke, in Ordnung, Frau Meier‹. Oder die Frau, die sich ihrer besten Freundin offenbart, weil sie sich über den steigenden Alkoholkonsum ihres Mannes ängstigt — wird sie zum Opfer ihrer Vertraulichkeit? Behält die Freundin die Informationen für sich, oder dringt etwas an die Ohren der Nachbarn, der Kollegen ihres Mannes? Kann Wilfried es sich leisten, in seiner Stammkneipe loszuflennen, weil seine Frau ihn verläßt, oder werden ihn der Wirt und die Biertischfreunde in Zukunft nicht mehr ›für voll nehmen‹?

Vor all diesen Gefahren schützt uns die Maske des Üblichen, Unauffälligen, der Höflichkeit und Umgangsform. Und dies ist auch zunächst gut so. Wer jemals längere Zeit mit exaltierten oder hysterischen Menschen zu tun hatte, etwa mit der Empfindlichkeit und Übersensibilität von Schauspielern umgehen mußte, lernt die Reibungslosigkeit von konventionellem Betragen schätzen. Wenn fortwährend irgendwer explodiert, sich ohne ersichtlichen Anlaß tränenreich ausschüttet oder wort- und lautstark loszetert, wird die Beziehungsstruktur einer Gruppe rasch überlastet. Dies ist wohl auch der Grund, warum derartige Künstlergruppen selten von langem Bestand sind. Nur ist es andererseits so, daß dieser Weg seelischer Amokläufe dann meist unumgänglich wird, wenn etwas Großartiges,

Beständiges, Gültiges entstehen soll. Dann kommen die Beteiligten nicht drumherum, sich bis in die letzten Fasern aufeinander einzulassen, etwa in der Psychotherapie, im ambitionierten Theater oder in der Paarbeziehung. Insofern ist die Maske der Konvention nur von begrenztem, situativem Nutzen. Sie wird in dem Augenblick schädlich, wo die Beziehungen der Kommunikationspartner nicht länger einem konventionellen Rahmen entsprechen oder genügen.

Am deutlichsten wird dieser Zwiespalt in Liebesbeziehungen. Viele von uns glauben bewußt oder unbewußt, die Liebe sei ein Machtspiel. Eine Presseagentin, mit der ich seit langem zusammenarbeite, hat es vor kurzem so ausgedrückt: »Ich bin ein gebranntes Kind. Ich weiß, was ich wert bin. Ich bin erfolgreich in meinem Job und kann auf eigenen Füßen stehen. Und ich lasse mich von keinem Mann unterbuttern. Ich weiß genau, bis zu welchem Punkt ich gehe. Dann ist Schluß. Wer mit mir leben will, muß meine Bedingungen akzeptieren. Ich gebe keinen Zentimeter auf. Ich will einfach nicht beherrscht werden... Und außerdem ist es doch so: wenn du erst mal zeigst, daß du jemand liebst, daß du ihn brauchst, daß er für dich wichtig ist, dann hast du doch sowieso längst verloren. Dann macht er mit dir, was er will. Er hat dich in der Hand. Da bin ich dann doch das bequeme Weibchen, das auf ihn wartet und zittert, egal was er anstellt und was passiert. Ein Mann, der mich will, soll um mich kämpfen. Dann kriegt er mit, was ich wert bin!«

Oder aus männlicher Sicht ein junger, nicht mehr ganz unbekannter Schauspieler: »Ich bin nun mal ein Macho-Typ. Jedenfalls rein äußerlich. Ich werd' auch immer so besetzt. Schon allein wegen meiner massiven Figur und dem kantigen Gesicht. Das ist mein Dingen und da komm' ich nicht von weg. Auch nicht privat. Die Girls lehnen sich an mich oder wollen was von mir oder stehen auf mich, weil ich nun mal grade so bin. Die erwarten, daß ich ihnen zeig', wo's langgeht. Wenn ich da lange rummach' und so auf Partnerschaft blase, bin ich doch weg vom Fenster. Klar ist das auf Dauer ziemlich scheiße, immer die Kraft zu zeigen und sich nie mal hängen zu lassen. Aber ich hab's doch probiert. Ein paarmal war ich schließlich wirklich verliebt und hab' gedacht, aus der Geschichte kann was werden. Aber wenn ich dann nur mal angedeutet hab', daß ich mich verliebt hab', hat die Dame rumgezockt, bis zum Geht-nicht-mehr. Dann hat sie mich zappeln lassen und diese ganzen Hasch-mich-Spielchen abgezogen. Also nee, ich brauch' das nicht mehr. Ich zieh' jetzt voll den Macker durch, wurscht was ich fühle, und damit fahr' ich gut. Liebe is' doch nur Showbizz. Wer zieht die coolste Nummer ab, oder? Wenn mir 'ne Frau gefällt, sag' ich ihr erst mal: ›Verpiß dich!‹ Und dann wird sie so klein und kommt angeschissen. Weil, das läßt ihr Stolz nicht zu, daß einer nix von ihr will. Und dann verplapper' ich mich garantiert nicht mehr. Sonst bist du doch der Lulli.«

Hinter beiden Aussagen steckt eine gemeinsame Angst, nämlich die Angst, den geliebten oder gewünschten Partner zu verlieren, wenn die Ebene der Schwäche, der Sehnsucht nach Aufgefangenwerden durch den andern, offen zutage tritt. Beide haben aber auch eine völlig verquere Sicht auf das, was sie mit Liebe bezeichnen. Wirkliche Liebe ist − im Sinne Erich Fromms − nicht ein Zustand des Habens, sondern des Seins. Es ist wohl unmöglich, Liebe zu definieren, dabei kommt dann so etwas heraus, wie in der neueren amerikanischen Psychologie, wo Liebe zum Reflexkomplex des ›Limmerns‹, mit meßbaren Haut- und Organreaktionen wird. Aber es ist einfach, festzuhalten, was Liebe nicht ist: kein Gemetzel um Macht, Herrschaft über den andern, kein Besitzanspruch auf Körper, Geist oder Gefühl des Partners. Und umgekehrt kein Opfergang, kein stilles Dulden, kein ewiger Kompromiß. Liebe meint die Synthese zweier Persönlichkeiten, die ihre jeweilige und gemeinsame Identität gefunden haben und vor sich, vor einander und vor dem Außen vertreten können. Und da ist jede allgemeine Norm außer Kraft gesetzt. Die Angst, sich durch seine Geheimnisse zu verraten, auszuliefern, kann und wird in der Seins-Liebe keinen Bestand haben. Wir geben uns nur dann preis, wenn wir uns einem stummen Vertrag auf gegenseitigen Besitz und zweiseitige Verfügbarkeit unterwerfen. Dann wird Vertrauen und Offenheit zum Deal. Wenn wir die Schwächen des andern nicht ebenso lieben wie seine Stärken, wenn wir nicht das an und in ihm, was uns Unbehagen bereitet, ebenso bejahen wie das, was uns nützt, ist keine Liebe, sondern höchstens eine gesunde Geschäftsgrundlage vorhanden. Dann allerdings wird das Pokern mit der Maske der Perfektion und Überlegenheit notwendig oder sogar unerläßlich. Liebe heißt – ein Wort, das allzulange gegen den weiblichen Teil der Paarbeziehung gerichtet wurde und zum Synonym für Passivität verkam – Hingabe: sich dem Du ohne Skrupel, Berechnung, Verstellung und Vorbehalt geben, sich zum andern hin-wenden, sich aus der Isolation des Ego befreien.

Und auf der Folie dieses Wissens wird dann auch rasch offensichtlich, daß ein Maskenspiel der Liebe (Wer fängt wen? Wer bringt wen zur Strecke? Wer packt zuerst aus? Wie halte ich mir alle Optionen offen?) nicht funktionieren kann. Der Nutzen der Maske beschränkt sich auf die amouröse Affäre und allenfalls noch auf das Rechtsgut Ehe.

Dabei muß ich an die junge Frau denken, die mir verzweifelt davon berichtete, wie sie ihren Partner erstmals krank, schwitzend und röchelnd erlebte, mit seinen miefigen Socken Bekanntschaft machte, seinen Mundgeruch am frühen Morgen wahrnahm und unmittelbar nach ihm die Toilette benutzte. Sie meinte, sie habe ›jeden Respekt vor ihm verloren‹. Hier scheint doch manches für die Fassade des Anstands, des sogenannten ›guten Geschmacks‹ oder der gegenseitigen ›Rücksichtnahme‹ zu sprechen?

Eindeutig nein! Denn wovon ist hier die Rede? Von einem Respekt, der ein cleanes Ideal-Du auszeichnet, aber nicht der Respekt vor einem Menschen, den ich liebe, so, wie er ist. Diese Liebe bedeutet nicht Wahrnehmung, sondern Annahme. Oder andersherum: Liebe kann erst entstehen, wenn die Maske gefallen ist. Vorher gibt es einen Rausch des Verliebt-Seins, der Freude über ein idolisiertes Objekt. In diesem Zustand machen Gefühlsäußerungen vermutlich beherrschbar. Aber sind die beiden Objekte zur Umgehung von Unlust erst einmal zu Subjekten gemeinsamer Lust geworden, ist der energetische Strom sämtlicher Gefühls- und Lebensäußerungen kein Risiko, sondern Fundament gemeinsamen Wachstums.

An dieser Stelle erscheint mir – um Mißverständnisse auszuschließen – eine Anmerkung zu Höflichkeit, Rücksicht und ›Charme‹ notwendig. Das vorhin Ausgeführte sollte nicht den Eindruck erwecken, das Beste sei, jedermann mit einer ›Hau-Druff‹-Mentalität gegenüberzutreten. Ein Kollege von mir lebt nach der Maxime: »Ich zeige jedem sofort, was ich von ihm halte. Und wer mir nicht paßt, bekommt erst mal eine volle Breitseite ab. Ich will wissen, wen ich vor mir habe, und ich bohre solange nach, bis ich fündig werde. Und das gradheraus, ohne Schnörkel. Wer das nicht verträgt, muß schauen, wie er damit zurechtkommt.« Sorry, aber hier wird wieder einmal mit kräftig gezinkten Karten gespielt. Diese Art von Gradlinigkeit ist auch eine Masche. Hier werden verbale Kraftproben provoziert, aus denen der rhetorisch Geschicktere als Sieger hervorgeht. Das ist natürlich alles andere als Offenheit – zumal diese Kraftmeierei des Verletzens und Aushaltens, ein derartiges seelisches Sparring, den andern wieder zum Objekt degradiert. Er wird benutzt, um scheinbare Ehrlichkeit und Direktheit vorzuführen. Ganz davon abgesehen, daß Offenheit Aufnahmefähigkeit für ein Du meint, also die Fähigkeit und Absicht, zuzuhören, sich hinzuwenden – Burschikosität ist gelegentlich verletzend (gerade weil sie mit Abwehrstrategien der Kommunikation, dem Ablenken vom Selbst einhergeht). Charme als Signal der Bereitschaft zur Begegnung ist – sofern er einer glaubhaften Haltung entspringt – jeder brachialen Inquisition hundertfach überlegen.

Der Nutzen der Maske begrenzt sich also auf die pragmatischen Aspekte ritualisierter Kommunikation. Sie wird zur Chamäleon-Falle in dem Moment, wo unpersönliche Konvention übersprungen werden soll oder muß. Eine hervorragende literarische Illustration dieser Problematik bietet Dostojewskijs Roman ›Der Idiot‹. In diesem Buch wird mit unglaublicher Intensität gezeigt, wie der Held, der junge Fürst Myschkin, eine Mischung aus reinem Gottestor, Don Quichotte und Jesus Christus, in den Fängen und Intrigen der ihn umgebenden Lebenslügen zerrieben wird. Er ist der Mensch, der sich jeder Maske verweigert und dadurch zum Märtyrer wird. Seine treffsicheren Fragen entlarven das Geflecht der Fassaden. Er reißt sich sein Herz sozusagen aus dem Leib und offenbart mit dieser kindlichen Unschuld und Direktheit die Fratzen der Habgier und des abgrundtiefen Menschenhasses bei seinen Mitmenschen. Der ›Idiot‹ ist zum Scheitern verurteilt, er zahlt den Preis der Lächerlichkeit, aber dafür gewinnt er gleichzeitig bei denen, die in der Lage sind, sich ihm zu öffnen, aufrichtige Liebe und stille Bewunderung.

Maskierungen und ihre Bereiche

Wir müssen nunmehr zwischen Masken, die auf das Selbst gerichtet sind, und Maskierungen, die ein Außen anpeilen, unterscheiden. Maskierungen sind Taktiken und Strategien der Täuschung, des Scheins und Erscheinens. Sie können situativ oder auch über längere Zeiträume benutzt werden, aber sie entsprechen im Regelfall nicht einer inneren Einstellungsschablone, die wirklichkeitsprägend wird. Demgegenüber ist *die Maske ein Bündel von Haltungen und Verhaltensweisen gegenüber dem Selbst;* also einmal dem Ausfluß des Ich-Bewußtseins, sodann der körperlichen Struktur, so wie sie subjektiv erlebt wird, schließlich den Sedimenten (Erinnerungen, Erfahrungen, Assoziationen, neurotischen Verknüpfungen und angenommenen Fixierungen) des Unbewußten. Die Maske ist somit die Lebenslüge, die Manifestation der Selbsttäuschung, die zwar auf das Außen und die Umwelt reflektiert, aber aus der Ich-Sicht des Individuums herrührt, die wiederum von den Über-Ich-Identifikationen und Ideal-Ich-Projektionen bestimmt wird. Oder ganz einfach und etwas pointiert formuliert: Maskierungen sind die Häute des Chamäleons in uns, die Maske ist die Haut, die das Chamäleon (fast) nicht mehr abstreifen kann − weil es keine Fertigkeiten mehr besitzt, sich mit seiner Haut in einer ungewohnten Umgebung zu bewegen, es sein Verhalten auf die Haut abgestellt hat und die andern mit ihm in seiner jetzigen Haut umzugehen gewohnt sind. Noch plastischer: das Chamäleon, das sich für Grün als Dauerhaut entschieden hat, kann den Wald nicht verlassen, es ist auf sein Revier beschränkt − in der Wüste würde es sofort auffallen und gefressen, in der grauen Steinlandschaft wäre es ein Fremdling und würde Mißtrauen ernten; inzwischen weiß es sich außerhalb des Waldes auch längst nicht mehr zu bewegen, vermutlich weiß es nicht einmal, wie es sich Nahrung besorgen kann.

Wenden wir uns aber zunächst den Maskierungen zu, die sich in Verwendungszweck und Erscheinungsform unterscheiden.

Maskierungen im Beruf

Wenn wir die Gratwanderungen berufsbezogener Masken aufschlüsseln wollen, brauchen wir uns nur um Stellenanzeigen, sogenannte Anforderungs- oder Qualifikationsprofile und Job-Mythen zu kümmern. Jede Tätigkeit verlangt eine spezifische Maskerade. Sie wird als ›dynamisch, kreativ, führungsfähig – korrekt, zuverlässig, präzise – fleißig, umsichtig, loyal – sauber, deutsch, tüchtig, ordentlich‹ umschrieben. Dahinter verbirgt sich ein Profil von Einstellungen und Verhaltensweisen, das als der jeweiligen Tätigkeit entsprechend vermutet wird. Durch Tests, Vorstellungsgespräche, mehr oder weniger harte Interviews, Gruppenaufgaben und Probezeiten wird – was eigentlich – überprüft? Was ein Bewerber kann? Wie ernst er seine Arbeit nimmt? Wie er sich engagiert? Wo seine Stärken und Schwächen liegen? Alles ein wenig, aber vor allem: wie perfekt sitzt seine professionelle Maskierung. Denn kein Mensch, schon gar nicht ein Industrie- oder Betriebspsychologe wird davon ausgehen, daß der junge Mann, der sich als Maurer vorstellt, wirklich ›loyal, fleißig, an Kolonnenarbeit gewöhnt‹ ist – was schließlich nichts anderes beschreibt, als die notwendige Haltung eines römischen Sklaven: immer nicken, nie mucken, pausenlos schuften und je nach Wunsch der Vorgesetzten spuren oder Untergebene antreiben. So ist kein Mensch, es sei denn ein völlig ruinierter seelischer Krüppel. Aber den will die Firma ja gerade nicht. Also bleibt nur zu prüfen, ob der Bewerber bereit ist, die Maskierung tatsächlich langfristig auf sich zu nehmen, und nicht nur für die Vorstellung eine kurze Show abzieht. Das ist das Geheimnis der Tests: sie versuchen bei vollem Wissen um die momentane Maskierung an die Fähigkeit zur fortdauernden Maskerade (als Entsprechung der formulierten und unausgesprochenen Erwartungen an den Stelleninhaber) heranzukommen. Oder vereinfacht: wenn Tests und Bewerbergespräche schon nicht die Maskierungen knacken können und die Persönlichkeit als Selbst freilegen, so kann auf diese Weise wenigstens die Dauerhaftigkeit und Erschütterungsfestigkeit der Maskierung eingeschätzt werden.

Lassen Sie mich auf vier typische Maskierungen im Geschäftsleben näher eingehen: die Führungskraft, den Kreativen, den Experten und die ›rechte Hand‹.

Die wirtschaftlichen Führungskader haben sich durch Souveränität, Planungsgeschick, Entscheidungsfreudigkeit, Härte, Durchsetzungsvermögen und ähnliche ›Schlüsselqualifikationen‹ zu beweisen. In diesem Hamsterrad ist kein Platz für Sentimentalität, für offenkundige Selbstzweifel, konkrete oder unspezifische Ängste. Der Top-Manager ist zwar vielleicht ›Team-fähig‹, aber möglicherweise persönlich unnahbar. Er hat zwar in Trainings gelernt zu motivieren, aber Verständnis zeigen im Sinne tatsächlicher Teilnahme darf er nicht. Er delegiert, übernimmt Verantwortung, darf um Informationen bitten, aber sich nie hilflos erweisen. Seine Maskerade ist privilegiert, aber gnadenlos. Führen, Meinungen unterlaufen oder auf eine vorgegebene Linie zwingen, ist ein Geschäft, das höchstens Fingerspitzengefühl, aber keine Liebe zuläßt. Jede Firma verlangt stillschweigend von ihren Top-Kräften: Du sollst keine Götter haben neben mir. Das kann sehr subtil geschehen, muß nicht den Methoden eines berüchtigten Textilkonzerns entsprechen, wo sich die Leitenden bis in ihre Freizeitgestaltung, ihre religiösen Neigungen oder die

Wahl der Lebenspartner hinein dem Diktat, der ›Politik‹ der Firma zu unterwerfen haben. Wer in dem Sinne ›Führer‹ wird, schließt einen faustischen Pakt. Nicht umsonst besteht das Klientel der Dominas überproportional aus etablierten Managern. Wer fragloses Herrschen als tägliche Unlust erlebt, kann Lust als energetische Abfuhr — speziell als genitale — meist nur noch unter immensem Druck zulassen: um die — in dem Fall — erotische Energie zu entladen, muß eine Opferrolle eingenommen werden. Erst dann gelingt es ihm vielleicht, durch die verschnürten Muskeln zu ›strömen‹. (Selbstverständlich müssen frühkindliche Deformationen die Disposition zum masochistischen Charakter herausbilden.)

Genau wie der Führer unter der Bedingungslosigkeit seiner Maskierungen leidet, trägt auch der Kreative schwer an der Last seiner eindimensionalen Festschreibung. Ich kenne genügend Leute aus der Werbe- und Medienbranche, die an ihrem dauernden Produktiv-in-trendy-brillant-crazy-hip-Spielen fast ersticken. Das kanalisiert sich entweder in regressiven Äußerungen, wie: »Die andern kochen auch alle nur mit Wasser«, führt zu Zynismus à la ›egal wie, the show must go on‹, oder wird in Dauerhektik, Drogenkonsum oder permanentem Selbstbeweihräuchern kompensiert. Es ist eben unmöglich, immer ›drauf‹ zu sein, ›das ganz große Ding auf der Pfanne zu haben‹, das Design der 90er Jahre ›total im feeling zu haben‹. Diese professionellen Genie-Akrobaten jonglieren so lange ungestraft mit ihren Maskeraden, bis die fein drapierten Seifenblasen geplatzt und die Flimmer-Lichter erloschen sind. Dann erst, nach dem gesundheitlichen Blackout oder dem seelischen Zusammenbruch, lernt manch einer zuzugeben, daß ihm der Schuh ›Ich bin der Größte‹ einige Nummern zu weit war und er irgendwann mitten im Lauf damit umknicken mußte. Was mich verwundert, ist, wie Menschen, die tagein, tagaus miteinander in den Agenturen und Verlagen hocken, auch noch in der Freizeit ihr ›keep cool, keep smiling‹ (= bleib ruhig und lächle) gegeneinandersetzen können. Die Verlogenheit der Anreden allein (alle sind ›so nett‹, oder ›Schätzchen‹, ›Darling‹) sollte doch die Qual der Maskierungen entlarven. Aber da sich die Front wechselseitigen Beklatschens stabil erhält, wagt kaum jemand auszuscheren. Man bleibt gestylt und ›ganz easy‹ unter sich und weit weg vom Selbst, dessen Energie erbarmungslos abgezapft und verpulvert wird.

Nächster tragischer Fall: die Fron des Expertenstatus. Angesehen sind sie allemal, die Alleswisser, deren Rat und Beistand eingeholt werden, die Ärzte, Anwälte, Gutachter, Wissenschaftler und Vermögenssachwalter. Ihre Vorbildung ist akademisch, mithin ausgezeichnet und achtenswert. Ihr Kapital heißt Wissen. Und da Wissen vermeintlich Macht ist, genießen sie Autorität. Umgekehrt ist diese Autorität unmittelbar von Menge und Verwertbarkeit des Wissens abhängig. Wer sich als ›inkompetent‹ zeigt, ist aus dem Geschäft. Also wird fröhlich geflunkert, drumherumgeredet, so getan, als ob man das Erfragte wüßte – Hauptsache, die Maskierungen erfüllen ihren Zweck, die Autorität zu erhalten. Aber der Arzt, der um die Unsicherheit seiner Diagnose weiß, und sich gleichzeitig scheut, den Patienten zum Fachkollegen zu überweisen – wie und wohin verdrängt er seine Verantwortungslosigkeit? Warum flüchtet sich der Gerichtsgutachter in Allgemeinplätze, statt zuzugeben, daß er mit dem Fall nicht zurechtkommt, und nimmt in Kauf, daß jemand ungerechtfertigt abgeurteilt wird? Die Qual, alles wissen und kennen zu müssen, bringt nicht nur die Selbstachtung ins Wanken, zwingt nicht bloß zu fortgesetzter Heuchelei – sie demontiert auch mit der Zeit die Fähigkeit zur Wahrnehmung. »Sie kennen doch die Abhandlung von Meier, oder etwa nicht?« – und schon zappelt der Wissens-Darsteller an der Angel. Soll er zugeben, daß er sie nicht kennt, nie davon gehört hat? Was denken dann die Kollegen, die Studenten, die Klienten? Aber wie konkret fragen sie ihn weiter aus, wenn er jetzt mit Ja antwortet? Wie kann er sich nach einem knappen Ja aus der Affäre ziehen? Ein neues Thema anschneiden? Und wie muß er sich dann beim nächstenmal verhalten? Soll er die Abhandlung möglichst rasch lesen? Oder spricht man ihn nicht mehr drauf an? Ob er sie selbst kennt? Jedenfalls könnte er den Namen Meier öfter mal fallen lassen. Scheint wichtig zu sein...

Dieses Ritual des Alles-Wissens geht so weit, daß es vifen Nachwuchsgelehrten schon gelungen ist, eine Koryphäe samt Biografie und ausgiebiger Theorie wie Literatur in die Fachwelt zu setzen − ohne daß dieser Mensch je existiert hätte. Er wurde nur nichtsahnend von den Professoren und ihren Helfershelfern zitiert und weitergelobt.

Wobei wir bei einer letzten Kategorie beruflicher Maskerade angelangt sind: der ewig freundlich lächelnden Assistenz. Ob es die Vorzimmerdame ist, der gefügige Aktenkofferträger oder der Vorformulierer und Einflüsterer. Hier ist das Verhältnis von Duldung und Wohlwollen gekennzeichnet, und ersichtliche Unterwerfung das Darstellungsmuster. Das Motiv dieser Entwürdigung ist besserenfalls Erbschleicherei − die Hoffnung auf Nachfolge, oder die glänzende Empfehlung. Schlechterenfalls ist es die Angst vor Verlusten: Befürchtungen, den Arbeitsplatz, die Bekannten, die Sicherheit des Gewohnten, Eingeschliffenen auf das Spiel zu setzen.

Wir sollten uns angewöhnen, mit diesen Geschäftsmaskeraden so umzugehen, wie sie es verdienen. Wir sollten sie für uns rein funktional nutzen, jede Identifizierung vermeiden, uns neben die Rolle stellen − wir sollten lernen, uns bei unserem Tun zu beobachten, auch über uns zu lächeln oder den Kopf zu schütteln. Um so eher erkennen wir, wie oft wir auf die Maskierungen unserer Persönlichkeit verzichten können. Um so schneller erfahren wir, daß die meisten Ängste anzuecken, bestraft zu werden, haltlos sind, Fiktionen unserer autoritätshörigen Phantasie. Bei andern müssen wir lernen, die Maskierungen zu entschlüsseln, sie zu bedienen, ohne uns auf eine Ich-Du-Ebene zu begeben. Die Maskierung will Affekte provozieren – wenn wir ihr rational begegnen, verliert sie den symbolischen Schrecken. Und wir können uns allmählich leisten, durch Aufrichtigkeit den andern von der Bürde seiner Maskerade zu befreien. Denn daß auch die professionelle Scharlatanerie traumatische Züge innehat, sollten die obigen Beispiele deutlich belegen.

Maskierungen im persönlichen Umfeld

Mit derartigen Maskierungen im Bereich der unmittelbaren Nähe sind insbesondere Freundschafts- und Bekanntschaftsbeziehungen angesprochen, wobei sich Freundschaft von Bekanntschaft eben dadurch unterscheidet, daß auf der Ebene einer Bekanntschaft Maskierungen statthaft, ja sogar erwünscht sind. Freundschaft geht mit Offenbarung einher, mit gemeinsamen oder geteilten Geheimnissen. Das Tabu der Freundschaft ist der Verrat, sie bestimmt ihre Intensität auch weniger mengenmäßig durch die Häufigkeit der Kontakte, als vielmehr qualitativ in der Intensität des Vertrauens, also des gemeinsamen Wissens und Erlebens.

Der junge Architekt, der seine privaten Verbindungen nach der Devise einteilt, wer ihm in seinem beruflichen Fortkommen nutzt, bewegt sich im Rahmen der Bekanntheit. Dabei sind die Floskeln der Höflichkeit, des oberflächlichen Interesses, und Gesten, die Beschwichtigung verheißen (Schulterklopfen, um die Schulter fassen etc.) möglichst unverbindlich gehalten. Die Geschäftsfrau, die sich auf der Party erkundigt: »Wer ist hier wichtig für mich?«, sucht vermutlich ebenfalls nach ›connections‹ (also Verbindungen). Wichtigkeit im Sinne von Freundschaft, Bedeutung für unser Selbst, haben solche förmlichen Aufeinandertreffen nicht.

Aus diesem Grund beklagen sich viele Menschen, daß sie keine oder wenig Freunde haben. Geschäftsfreunde gibt es eben auch dann nur vermeintlich, wenn sie miteinander ›eine Leiche im Keller haben‹ — hier zählt nur das gegenseitige Versprechen, sich nicht mit peinlichen Informationen zu erpressen. Um sich freundschaftlich an jemand zu binden, muß man über einen längeren Zeitraum von Maskierungen absehen, ein kurzfristiges ›sich beim andern Ausheulen‹ ist eher lästig, denn verbindlich. Freunde lassen sich auch nicht funktional oder zeitlich separieren. Also: den Freund zum Ausgehn, den Freund, der mir wirtschaftliche Tips gibt, den Sportsfreund oder den Kummerkasten-Freund (gleich welchen Geschlechts) kann es nicht geben. Dazu sind die sozial und persönlich gesetzten Ideale zu anspruchsvoll. Freundschaft ist Liebe ohne Sex. Deshalb sind Zweckbündnisse (für die das Recht auf Maskierungen besteht) unzulässig. Umgekehrt können wir also unsere Tendenz zu Maskierungen, die bereits für uns bestimmend geworden sind, die uns festhalten und in Verhaltensstrategien zwingen, nahezu an der Zahl unserer (echten) Freunde ablesen. Insofern ist die Selbstprüfung in diesem Punkt von erheblicher Bedeutung. Wer sich ohne Freunde (nicht Bekannte!) weiß, ist bereits ein Opfer des Chamäleon-Syndroms und sollte die nachfolgenden Kapitel besonders aufmerksam lesen.

Maskierungen in der Paarbeziehung

Wir haben uns weiter oben schon mit der Frage beschäftigt, inwieweit Liebe ein Machtspiel beinhaltet und zu taktischen Maskeraden zwingt. Ich habe die Position vertreten, daß Liebe und Unaufrichtigkeit sich gegenseitig ausschließen. Nun werden manche Leser denken: »Ich kenne aber eigentlich nur Paare, die sich zeitlebens gegenseitig etwas vormachen! Und außerdem, ich kann den

Partner doch nicht mit allem belästigen. Ich muß doch nicht dauernd alles beichten, was ich mir mal nebenbei erlaube...«

Sicherlich beschreibe ich ein Idealbild, wenn ich Liebe als Maskenlosigkeit auffasse. Warum die meisten Paarbeziehungen unter Maskeraden und Lügen leiden − und zerbrechen −, zeigt eine Psychologie der Partnerwahl, die die amerikanischen Psychologen Wilson und Nias erforscht haben. Diese Theorie geht − vereinfacht gesagt − davon aus, daß wir mögliche Lebenspartner nach einem inneren Punkteschema bewerten. Dieses Schema ist individuell und durch die Lern- und Lebensgeschichte des einzelnen gefiltert. Die Elemente der Bewertung ähneln sich zwar bei Personen gleicher Schicht und Altersgruppe, aber das Profil der Ausprägungen einzelner Voraussetzungen und Bedingungen schwankt erheblich. Konkret folgt aus diesen Erkenntnissen und Überlegungen: jeder von uns hat ein Selbstbild der soziosexuellen Wertigkeit und sucht sich einen Partner mit mindestens gleichem Wert. Nehmen wir an, Mann X ist zu dem Ergebnis gekommen, daß er auf der Punkteskala ›Aussehen‹ (jede Skala der Einfachheit halber von 1 − 10 gerechnet) Wert 7 innehat, auf der Skala ›berufliches Prestige‹ etwa 4, beim Faktor ›Herkunft‹ Wert 5, beim Faktor ›Beredsamkeit und Charme‹ möglicherweise 8. Seinen ›Ideenreichtum‹ bemißt er mit 7, seine ›erotische Kompetenz‹ mit 5 usw. Er kommt zu einem Gesamtwert von − sagen wir − 90. (Nun höre ich kritische Stimmen sagen: »Das gibt's gar nicht, woher nimmt er denn die Maßstäbe, die Faktoren, die Wichtigkeit der einzelnen Faktoren?« In der Tat läuft dieser Prozeß der Selbst- und Fremdeinschätzung in unseren Köpfen längst nicht so trennscharf und zahlengenau ab. Das bleibt standardisierten Erhebungen vorbehalten, die solche Geschehnisse exakt untersuchen wollen. Wir haben bloß ›Gefühle‹ − wer uns ›anmacht‹, interessiert, ›reizt‹, in wen wir uns vergucken, verlieben. Aber das Prinzip ist das gleiche.

Auch wir addieren − ganz rasch und ›über den Daumen‹
− gefühlsmäßig unsere Qualitäten und ›checken‹ die Plus-
und Minuspunkte des möglichen Partners. Wir fühlen ja
Gott sei Dank nicht in Prozentpunkten und Maßzahlen −
aber wir summieren dennoch ständig unsere Beobachtungen und Informationen zu Urteilen wie: ›Sollte ich näher
kennenlernen‹ oder ›uninteressant‹.) Kehren wir zu unserem Herrn X zurück. Er sieht sich nach einer möglichen
Partnerin nun auf dem Hintergrund um, ob sie ›ihn wert
ist‹, also es auch auf mindestens 90 Punkte bringt − aber:
nach seinen Maßstäben. Die Selbstsicht der Dame Y ist für
ihn uninteressant, sie kann sich für einen Engel oder Miss
World halten. X verhält sich nach seinen Vorstellungen
(wobei übrigens die unbewußten Ängste und Fixierungen
eine erhebliche Rolle spielen, also ob etwa die Mutter wie-
derholt oder abgearbeitet wird, die Elternbeziehung ungewollt nachvollzogen, oder die Vater-Autorität gestürzt
werden soll). X legt nun an Frau Y seinen Raster an: ihr
Äußeres erscheint ihm 7 Punkte wert, der große Mund mit
den vollen Lippen noch mal einen Sonderpunkt. (Hier
kann sich die Mutter-Fixierung austoben!) Sie scheint
einigermaßen gebildet (6 Punkte), hat keinen Dialekt,
wofür Herr X 5 weitere Punkte verteilt (hier zeigt sich die
Subjektivität der Kriterien, einem andern käme dieser
Aspekt gar nicht erst in den Sinn), sie bewegt sich sehr
sexy und läßt sich rasch zärtliche Berührungen gefallen
(5 Punkte für erotische Nähe), und als sie auch noch erwähnt, daß sie demnächst wohl die Firma ihres Vaters
erbt, erteilt ihr der momentan leider arbeitslose Herr X
einen satten Aufschlag von 9 Punkten...

Zugegebenermaßen klingt das ebenso süffisant wie arg
materialistisch. Aber unser Ich ist nun einmal materiell −
auf Nutzen, Vorteil, Belohnung − organisiert. Daß daneben immer auch die kindlichen Prägungen zum Zug kommen, besorgt schon unser Unbewußtes. Da wischt der Ju-
nior seinem Daddy eins aus, indem er ihm ein Huren-Kli-

schee anschleppt. Oder wir leben unsere Sexualität homoerotisch, fetischistisch oder in recht unüblichen Neigungen aus. Aber bei der Partnersuche gehen wir (meist) mehr nach kognitiven (vernünftigen) Gesichtspunkten, als wir wahrhaben wollen. Wir verlieben uns einfach in denjenigen, der unserem Wertigkeitsstandard nahe kommt. Und gerade dieses augenscheinlich kluge Vorgehen läßt uns in die Falle der Maskierungen laufen. Wir sind berechnend und werden dadurch emotional blind. Wir suchen Effekt und Entsprechung und bringen die Liebe in den Tresor des ›Habens‹. Wir lassen uns täuschen, weil wir das Spiel des Vortäuschens mitmachen. Wir legen uns einen Partner zum Vorzeigen, Ausstellen, Kinderhaben oder Rentesichern zu − und fallen auf die fein hervorgekehrten Schokoladenseiten herein. ER/SIE ist, kann, hat... sind Gedanken, die wir aus dem Vokabular der Liebe und Paarbeziehung streichen sollten, sonst werden wir − wie so viele − Opfer unserer Ansprüche und fixen Ideen. Auch wenn es sich nicht ›schickt‹, in einem seriösen Buch Unterhaltungsware zu zitieren, möchte ich an dieser Stelle dennoch kurz einen Dialog anführen, der in einem ›Tatort‹ über die Mattscheibe ging. Eine Frau liegt mit dem sympathischen Kommissar im Bett und fragt, wer vor ihr dort gelegen habe. Die Antwort ist: »Frauen, die mich verstanden haben, oder die ich ein wenig verstanden habe.« Das sagt eine ganze Menge über unser Problem. Denn Verstehen gelingt nur, wenn Verstellung ausgeschlossen wird. Wenn es den Beteiligten gelingt, nicht ›patterns‹ (d. h. Klischees) zu zeigen, sondern ihr Selbst.

Bei Paarbeziehungen besteht jedoch nicht allein die Gefahr des Maskenspiels als ›Verpackungsschwindel‹, sondern auch die Möglichkeit des gemeinschaftlichen Verkriechens hinter einer Sozialmaskerade. In diesen Fällen handelt es sich meist um Personen, die vor den Unzulänglichkeiten oder ›Abgründen‹ ihres Selbstbildes in die Paargemeinschaft flüchten und glauben, so der

Außenwelt die Stirn bieten zu können. Die Konfrontation mit dem Selbst wird auf die Zweierbeziehung übertragen.

Typische Beispiele dafür sind:

- das additive Paar (Mx + Fx), also die Kampf- oder Glaubensgemeinschaft; es wird gemeinsam Front gegen das böse, gefährliche Außen gemacht, alle Ideale und Überzeugungen werden deckungsgleich gehalten

- das neutralisierende Paar (Mx^- + Fx^+ oder umgekehrt); ein Feld der Leere, das ›Auge des Orkans‹; die Partner versuchen sich ein Gleichgewicht zu vermitteln, die Schwächen und Phobien (= Ängste) wechselseitig zu verdrängen

- das bedingte Paar (Mx + Fy): die Funktionsgemeinschaft, das Zweckbündnis; die Furcht vor Verlust, Alleinsein und Verantwortlichkeit bestimmt den Zusammenhalt, man ›ist aufeinander angewiesen‹.

Das Kernproblem dieser und ähnlicher Konstellationen ist, daß sie keine persönliche Entwicklung mehr zulassen. Die Basis der Beziehung ist nicht ›mit‹, sondern ›gegen‹ und jeder steht ›mit dem Rücken zur Wand‹. Die unterschwellige Verpflichtung zum Stillstand (»Als wir uns kennenlernten, warst du...«, »Du hast mir damals versprochen...«) bedingt aber auch, daß jede Abweichung von der einmal gesetzten Norm das Fundament der Beziehung gefährdet und verborgen werden muß – die Opfer solcher Konstellationen haben nur die Wahl zwischen steter Maskierung, Lebenslüge (Maske zum Selbst) oder Trennung.

Auf der gleichen Linie operieren wir, wenn wir uns nicht für die Persönlichkeit unseres Partners entscheiden, sondern für Aspekte der Person, die uns ermöglichen, unsere Neurosen und Unzulänglichkeiten zu kompensieren – wir lieben nicht, sondern verschaffen uns einen Komplizen. Wir suchen uns etwa jemand, der uns bemuttert, uns nicht ins Erwachsen-sein zwingt, einen Menschen, der nichts dagegen unternimmt, wenn wir unseren Selbsthaß gegen ihn wenden, oder ganz trivial einen schönen Menschen an unserer Seite, weil wir mit unserer eigenen Körpererscheinung nicht fertig werden.

All dem liegt der uneingestandene Irrtum zugrunde, daß wir, wie im Märchen, durch die Liebe des Prinzen oder der Prinzessin errettet werden können, ohne uns um uns selbst zu kümmern, an uns zu arbeiten. Wir spielen Dornröschen oder Froschkönig und lassen unser Leben laufen. Dabei können wir nur lieben, wenn wir uns selbst lieben. Solange wir all unsere erotische Energie für uns brauchen, weil wir noch nicht mit uns ins reine gelangt sind, uns noch nicht so akzeptieren, wie wir nun einmal sind, also autoerotisch erstarren, können wir auch keine Liebe ab-geben. Und wenn wir keine Liebe ab-geben können, werden wir auch kaum Liebe bekommen. Solange wir uns nicht über uns klar sind, wir uns nicht mit uns konfrontiert haben (also fühlen und sagen können, wer, was, wie, warum ich bin und da bin), lenken wir unbewußt alle erotische Energie aufs Ego − bleiben wir unserer Zeitkrankheit Narzißmus verhaftet. Dann fallen wir ständig auf die scheinbare Stärke des andern herein, weil wir uns schwach fühlen und uns nach der Stärke sehnen, die er verspricht. Das ist gemeint, wenn der Volksmund sagt ›Liebe macht blind‹ (wir blenden und werden geblendet). Dann nämlich gehen alle unsere Regungen und Strebungen nicht auf ein Du, sondern ein Wunsch- oder Ideal-Du, das nichts anderes verkörpert, als ein trotziges Gegenteil zu unseren Makeln und Defiziten. Das beinhaltet eine hervorragende Basis für Maskenspiele, aber ein stetes Eigentor für unseren Gefühlshaushalt. Denn wir überfordern unsere Partner damit und verweigern ihnen gleichzeitig unsere Kooperation: »Mach du, du weißt wie es geht, du kannst das, du bist so stark.« Wir infantilisieren uns und legen dem andern das Gouvernantenschürzchen um.

Verbunden damit ist ein drängender Anspruch auf Betreuung und Treue. Und wieder verwechseln wir zwei

Dinge, denn üblicherweise setzen wir Treue mit sexueller Beschränkung auf uns gleich. Aber Treue ist nicht Nicht-Betrügen, aus Furcht vor Auseinandersetzung oder Verlassen-werden auf erotische Eskapaden zu verzichten. Treue bedeutet, zum Du und zum Wir stehen, nicht den Körper reservieren. Der Mann, der im Büro und vor dem Fernseher nach der jungen Kollegin lechzt, ihr Bild vor Augen hat, wenn er seine Gattin beschläft, maskiert sich bloß als treu – sein Verhalten ist wesentlich verletzender als der sogenannte ›Seitensprung‹, denn mehr oder weniger unbewußt macht er seine Frau für die Unterdrückung seines Wunsches verantwortlich und straft sie dafür – mit Unmutsgesten, scheinbar unmotivierten Zornesäußerungen, Schweigen oder Desinteresse.

Treue könnte verlangen, daß er seine Sehnsucht, seinen Konflikt formuliert, daß ein Austausch über die geheimen Phantasien herbeigeführt wird. Wobei wir allerdings bei der Frage angelangt sind: Wieviel Ehrlichkeit verträgt der Mensch? Um es vorweg zu sagen: eine ganze Menge. Nichts ist übler als Ungewißheit. Die meisten Vermutungen und Spekulationen schießen weit über den Schmerz der Wahrheit hinaus. Unsere Gefühlsantennen schlagen doch bereits bei kleinsten körpersprachlichen Andeutungen unserer Partner aus – wir ›riechen‹ förmlich, daß etwas nicht stimmt (wobei immer mehr Untersuchungen die Bedeutung unseres Geruchssinns für die menschliche Verständigung erweisen). Und dann rumort es in unserm Bauch: Wie lange geht das schon? Ist es Liebe? Ist der/die andere mir überlegen? Wann verläßt er/sie mich? Wenn er/sie schweigt, muß es etwas Endgültiges sein! Er/sie will sich nicht mitteilen – unsere Beziehung ist längst gestorben, wir können nicht mehr miteinander reden...

Ich bin der festen Überzeugung, daß jede handfeste Auseinandersetzung (notfalls auch jede handgreifliche) dem betretenen (Ver-)Schweigen überlegen ist. Eine argumentativ wie emotional ausführliche Darlegung der Motive, Bedingungen, Schritte und Ziele unseres Tuns kann nur zum Resultat der Verständigung führen – auch wenn diese Verständigung eventuell dahin geht, daß es für beide Seiten günstiger ist, die Beziehung zu beenden. In jedem Fall ist es nicht der Partner, dem wir mit Verschweigen helfen. Das Gerede von »Ich will ihn nicht verletzen« oder »Er ahnt doch ohnehin nichts, er wird es auch nie mitkriegen« sind schlicht reine Schutzbehauptungen. In einer Paarbeziehung geht es eben nicht darum, den andern in Watte zu packen, sondern darum, sich aneinander weiterzuentwickeln. Unser Eingeständnis mag den Partner treffen, verunsichern, ihn sogar verletzen, aber Heilung entsteht gewöhnlich nur durch Eingriffe (oder Wunder). Der Vorteil der Öffnung liegt darin, daß Vorstellungen auf ein Realitätsmaß gebracht werden, gegensätzliche Einstellungen oder Bedürfnisse vermittelt werden können und neue, von vermehrter Erfahrung ausgehende Übereinkünfte getroffen werden können. Es kann zwischen Menschen, die sich auf Liebe einlassen, keine ›erschreckende Offenheit‹ geben, nur törichtes Verwischen und Ausweichen. Die erste Lüge, die kleinste Ausflucht sind doch nur der Beginn einer Selbstaufgabe an die Fassade. Ein Beispiel: wer erst einmal damit anfängt, seinem Partner einen Orgasmus vorzuspielen (was auch bei Männern der Fall sein kann, da die Ejakulation nicht gleichbedeutend mit orgastischer Potenz ist – der Orgasmus bezieht sich auf den ganzen Körper), beraubt sich nicht nur der Lebenslust, sondern erhöht von Mal zu Mal die Barriere, dem Partner einzugestehen, daß er seit langer Zeit getäuscht wird. Dabei wäre hier Ehrlichkeit (Vertrauen-können, sich nackt und hilflos zeigen, in die Arme des andern fallen lassen können) bereits die halbe Therapie.

Noch ein Wort zum Schluß dieses Kapitels: manch einem mögen meine Ausführungen zu idealisiert oder anspruchsvoll erscheinen. Er oder sie wird sagen: »Ich kann doch auch ohne diese Radikalität zu mir und meinen Mitmenschen ganz gut leben! Ein bißchen Maske, etwas Versteckspiel ist doch ganz o.k.! Es darf nur nicht zu arg werden...«

Ich gehe in meinem Anspruch höher. Ich denke, fühle und argumentiere nicht aus der Position dessen, der sich in ein wenig Zufriedenheit einrichtet. In meinen Augen ist Zufriedenheit das Gegenteil von Glück, denn sie nimmt uns den unbedingten Drang, die Besessenheit zum Glück. Sie übertüncht die Risse, an denen wir arbeiten müssen, damit die Mauern nicht ›gerade so‹ halten, sondern stabil und formschön bleiben. Wir sollten uns auch nicht vor den Tiefs unseres Daseins fürchten. Denn diese Tiefs sind die Täler, in die wir hineinmüssen, um den Schwung, die Energie zu holen, über sie hinauszuschießen. In solchen Momenten oder Lebensphasen sollten wir uns das Leben als eine Achterbahn denken, über die wir mit einem Skateboard sausen – es sind die Bergabfahrten, die uns voranbringen und hinterher auf die Höhepunkte schleudern und durch die Loopings jagen. Deshalb ist Unglück nur die andere Seite des Glücks, zwei Seiten einer Medaille, ein Gegensatz, der notwendig und fruchtbar ist. Denn ohne Leid könnten wir kein Glück erleben. Und angesichts dieses Wissens und dieser Überzeugung wird dann Zufriedenheit ein allzu bescheidenes, ja erbärmliches Ziel – mitunter sogar eine Schreckvorstellung.

Erlauben Sie mir an dieser Stelle eine grundsätzliche Anmerkung, als Klarstellung meiner Position und eine Art erstes Fazit: Ich denke, wir sollten uns nicht durchs Leben lavieren. Genau deshalb halte ich unsere Maskierungen für lästig und unsere Masken für tragisch. Identität, also die Stimmigkeit zu meinem Selbst im Gleichgewicht mit meinem kommunikativen Umfeld, ist dann gewonnen, wenn wir sagen können: »Ich bin ich, mit all den Wunden und Narben, die ich und mein Lebensweg mir zugefügt haben und die ich stolz trage und zeige. Und ich bin ich mit all meinen Ambitionen und Sehnsüchten, inneren Höllen und Kerkern, meiner Größe und Lächerlichkeit.« Das ist letztlich mein Anspruch.

Ein kleiner Ausflug ins Nichtssagende – Maskierungen der Sprache

Politisch kann man es ›Kohldeutsch‹ nennen. Von der Kanzel bezeichnen wir es als weihevolles ›Salbadern‹. In der Wirtschaft wird es positiv verdreht zu ›sich flexibel äußern‹. In privaten Beziehungen rührt Wut oft aus ›Stellungslosigkeit‹ und ›ausweichen‹ her. All dies meint ähnliches: die Sprache ihres Inhalts entkleiden, sich mit der – möglichst angenehm lautmalenden – Worthülse begnügen, sich hinter ihr verschanzen. Die Kunst öffentlicher Rhetorik zielt darauf, den Gegner durch Fußangeln auszuhebeln und ihn mit Leberhaken aufzuweichen. Derart war die Geschicklichkeit der Rede lange Zeit der Notbehelf des Gebildeten gegen die Willkür der Herrschenden. Leider hat sich mit der Ausbreitung bildungsbürgerlichen Wissens auch diese Technik des belanglosen Sprechens herumgesprochen. Keine Stellung beziehen, im Salonton daherplauschen oder es bei vagen Andeutungen, die allseitig interpretierbar sind, belassen, erweist sich als ungemein bequem. Zwischen den Sender einer Botschaft und den Empfänger wird das Nebulöse des Weihrauchs geströmt – man bleibt nett und gesittet, verletzt nichts und niemand, wahrt Form und Anstand und zieht sich ganz großartig aus jeder Affäre.

Beispiele kennen wir zuhauf. Das allgegenwärtige amerikanische ›it's fine‹, ›it's great‹, was zunächst vor allem beinhaltet, daß die Welt wieder mal in bester Ordnung erscheint. Oder unsere neudeutsche Kommunikationsbremse: »Rufen Sie mich nicht an, ich melde mich« (was soviel heißt wie: »Auf Sie Langweiler kann ich allemal verzichten!«). Beachtlich auch der innige Abschiedsgruß: »Wir sehen uns!«, möglichst mit Herz und Schmerz intoniert. Offen bleibt dabei – oder eigentlich doch nicht – wann, wo und wie. Eine weitere Variante des höflichen Desinteresses: »Wir müssen uns endlich mal irgendwie zusammensetzen!« Das rauscht dann schon knapp am Nirwana vorbei, wie überhaupt jedes ›irgendwie, – wann, – wo, oder – wer‹. All diese Floskeln der Unverbindlichkeit dienen dem Betrug um Nähe, sie suggerieren Interesse, Wertschätzung, Kontakt und sind doch längst eingeschliffene Formeln der Ablehnung. Solange dieses Spiel zwischen Personen gleichen Hintergrunds und Spielsinns abläuft, ist dem auch wenig entgegenzusetzen – aber Enttäuschung trifft den, der Sprache ernst und verbindlich nimmt.

Dies gilt generell für die meisten Slangs und Redensarten. Damit werden Cliquen oder Clans gebildet und Fremde per Geheimcode ausgegrenzt. Bekannte Beispiele sind die Ganovensprache, der Fixer-Jargon oder das Kauderwelsch der Ghettos. In diesem Umfeld ist der Notwehrtypus der Sprache beibehalten. (Was wohl auch plausibel und nachvollziehbar erscheint.) Aber in der schönen neuen Welt der Werbepeople, Yuppies und Medienhaie ist der Slang ausschließlich der Geltung gewidmet. Da muß dann der Pistenort Kitzbühl als ›Kitz‹ gekürzt werden, ist man nicht traurig oder verzweifelt, sondern ›just down‹, liebt und begehrt man nicht, sondern ›macht klar‹, ist ein Partner nicht Person, sondern ›Notprogramm mit gewöhnungsbedürftigem Styling oder face‹ – sind Menschen sprachlich wesenlos. Und die so unreflektiert dahersabbeln, nehmen mit dem andern auch ihr Selbst nicht wahr – und verkümmern zu unbedingt witzigen Slogan-Ablassern. Die Maskerade der Retortensprache ist letztlich ein erster waghalsiger Schritt zum Ich-Verlust, eine unwägbare Balance am Abgrund der Nicht-Identität.

Mit Masken leben

Masken sind Grenzen zum Selbst. Sie verkörpern die Haltungen, mit denen wir unserem Leben eine Richtung zu geben versuchen. Sie sind Stützen, das Korsett, die Sicherungsschnüre unserer Existenz. Wir haben die trügerischen Vorzüge der Maskerade kennengelernt und die Gefahr aufgezeigt, daß sich die Maske als Lebenslüge erweist.

Derartige Maskeraden sind zwar vielschichtig und vielfältig, aber dennoch standardisiert. Dies ist insofern nicht verwunderlich, als man bedenken muß, daß die Verstellungen und trügerischen Verhaltensmuster Reaktionen oder Projektionen auf äußeres Geschehen sind – ein Schattenreich individueller Lebens- und Leidensgeschichten, das sich als Scheindasein absetzt. Jeder Bewohner dieses Schattenreichs unterliegt dabei ähnlichen sozialen und kulturellen Einflüssen – die Epoche, der allgegenwärtige Zeitgeist prägen und nivellieren. Von daher bewegt sich das individuelle Schicksal in engen Grenzen, und auch die Masken gleichen sich zu Standards an, die sich lediglich in Nuancen und bescheidenen Facetten unterscheiden – es entsteht eine regelrechte Typologie der Masken und Maskierungen.

Eine Übersicht über derartige Prototypen des Selbstbetrugs* ist dabei nicht nur unserer Selbstkontrolle, sondern auch der Kennung (Decodierung) unserer Kommunikationspartner dienlich.

---

* Die nachfolgend angesprochenen Haltungen und Rollen sind in den allermeisten Fällen keine Maskierungen, die bloß zweck- oder zielgerichtet eingesetzt werden, sondern bereits unverzichtbare Krücken des Selbst – wiewohl natürlich im Prinzip jede dieser Figurationen auch improvisiert oder spielerisch eingesetzt werden kann.

Typische Masken

In unserem Zusammenhang erscheinen insbesondere drei Ausrichtungen von Masken relevant: die Masken der Männer, diejenigen der Frauen und die auf eine bestimmte Öffentlichkeit gerichteten Sozialmasken. Selbstverständlich ließe sich die Übersicht um zahllose Maskensets erweitern, speziell in professionellen oder verwandtschaftlichen Zusammenhängen, aber dies wäre eine Vollständigkeit von eher akademischem Wert. So ist der besseren Lesbarkeit halber auch manches in dieser Typologie vereinfacht, vergröbert oder holzschnittartig dargestellt. Dies ist freilich letztlich leidiges Schicksal aller Typologien, auf welchem empirischen Material sie auch immer gründen. Gott sei Dank ist das individuelle Lebensprofil ausgefeilter und vielschichtiger — aber die Typologie liefert uns ein dankbares Erkenntnis- und Orientierungsfeld psychologischer Rollenstandards.

Männermasken

Als Inkarnation männlicher Größe und Bedeutung versteht sich der Macho. Er ist Freibeuter, ›lonesome rider‹ (einsamer Reiter), Frauenverschlinger und unzugänglicher Fels in der Brandung in einem. Er strotzt vor physischer und seelischer Kraft. Er reagiert nicht, er handelt, immer und beständig. Er fragt nicht, er setzt Antworten und Akzente. Er liebt seinen Körper, seine Stimme, seinen festen, verwurzelten Gang. Er betrachtet die Welt aus seinem Bauchnabel. Sie hat ihm zu dienen. Jede Attitüde signalisiert Selbstsicherheit und Überzeugung. Er ist attraktiv — oder hält sich wenigstens dafür. Er benutzt die Dinge und Menschen seiner Umgebung. Sein Imperium besteht aus zwei Sphären: der männlichen, in der er dominiert, sich ungebrochen vermittelt und der weiblichen, die er streift und objekthaft verteilt. Das Dilemma des Machos besteht darin, daß er jeden Anflug von Sentiment, Erschütterung und Verzweiflung verbergen muß. Gegenüber Männern, um Bewunderung zu erhalten, gegenüber Frauen, um mit seinem Raster weiblicher Funktionen durchzukommen. Der Macho nimmt Frauen in ›klassisch‹ patriarchalischer Manier als Mütter, Heilige und Huren. Jede Partnerin wird sortiert und entsprechend genutzt. Äußerungen, die der jeweiligen Schublade zuwider laufen, werden abgeblockt oder umgewertet. Das macht ihn unfähig zu umfassender Liebe und Zuneigung. Die Objektbeziehungen bedingen auch, daß der Macho nur einen Teil seines Charakters agieren kann. Er zerlegt die Welt in ein Mosaik, das er nur stückweise zu Abziehbildern zusammenpuzzelt. Mit diesen Abziehbildern geht er nach exakt austarierten Strategien um: die Hure bedient er mit Sex, die Mutter mit Brutverhalten und Nestpflege, die Heilige mit quasi-religiöser Vergötterung. Eine Integration der Frau in sein Lebensschema gelingt ihm nicht. Das macht ihn − zumindest innerlich − einsam. Deshalb neigen viele Machos zu einer manisch-depressiven Grundstruktur: die gehandelte Welt gelangt nicht in Übereinstimmung mit der erträumten, das Sein verläuft unter der Käseglocke. Der Macho steht zwar ›drüber‹, aber eben draußen. So peilt er ständig neue Höhenflüge an, die ihn jedoch zwangsläufig frustrieren müssen − seine Objektsphäre läßt ihn nie ›satt‹ werden. Er mag immer geschickter lernen, seine Scheinbedürfnisse zu befriedigen − sein Selbst schreit nach ganz anderen Dingen als die Maske, die sein Verhalten bedient. Fatalerweise übt der Macho auf bestimmte weibliche Masken eine immense Faszination aus, da er sie stimmig bedient (etwa das ›Kindchenschema‹ oder den ›Vamp‹). Derartige Frauen sind disponiert, seine (leicht zu durchschauende) Fassade zu ›knacken‹ − es entsteht ein Machtkampf oder ein Wettlauf um erotische Dominanz, der für kurze Zeit reizvoll erscheint, auf Dauer jedoch in einen immer aberwitzigeren Leerlauf ausartet. Machos sind nicht zu prägen, umzuformen oder zu bekehren, ihre Selbstentfremdung bedarf (im Extremfall) therapeutischer Intervention.

›Everybody loves a winner‹ — jeder liebt Gewinner, ist die alleinige Maxime des Siegertyps. Dabei rechnet er Gewinn in barer Münze, in materiellem Erfolg. Er häuft Geld und Werte um sich wie der Burggraf Schutzwälle und Vasallen. Er predigt Leistung, beharrt auf konservativen Ideen, solange sie sich rentieren. Der Sieger ist fortwährend ›busy‹ (geschäftig). Er hat keine Freunde ›bloß so‹, sondern Geschäftspartner, Kompagnons und ›connections‹. Er verabredet sich niemals zweckfrei, sondern setzt auf Termine. Ein Abendessen wird zum Vorwand für einen Geschäftsabschluß. Parties werden nach Bonität der übrigen Gäste abgecheckt. Eine Frau wird zur ›angemessenen Begleitung‹. Vergnügen ist ihm verlorene Zeit — sofern das Vergnügen und der Lustgewinn sich nicht materiell zeigen. Er kleidet sich klassisch, wohnt antik oder designed, er denkt nicht, er plant und investiert. Sein Leben reduziert er auf den Terminkalender oder den elektronischen Planer. Erholung unterliegt einer Kosten-Nutzen-Analyse: drei Tage Rom sind dann o. k., wenn er auf der Rückreise in Mailand noch schnell einen Abschluß tätigen kann. Seine Welt ist die Warenwelt und er erfaßt sich als Summe seiner Statussymbole. Das Dasein des Siegers ist entgegen allem Anschein seiner trainiert-gebräunten Erscheinung unendlich leer. Er ist zur Funktion verkümmert und kauft Sinn, Vitalität und Philosophie gegen Scheck. Sein Erfolgszwang läßt ihn erst los, wenn der Körper den Dienst verweigert — psychosomatische Beschwerden sind die Quittung, die den Sieger erwartet. Die Dynamik der Maske bindet die energetische Kraft, die sich organisch staut und zerstörerisch auswirkt.

Der entgegengesetzten Maske unterwirft sich der Bub (der harmlose nette Junge von nebenan, bekannt auch in der Variante des Sonnyboys). Er zehrt von Beschwichtigungsgesten, Ausreden, dem unverbindlichen Lächeln des Rückzugs, mehr oder weniger geschickter Demutsmimik (niedergeschlagene Lider, gesenkter Kopf, schmale Körpersilhouette mit übereinander verschränkten Armen). Er meidet die Konfrontation und erledigt Schwieriges und Komplexes mit fatalistischer Nichtbeachtung. Er hat vor allem ein Ziel: beliebt sein und in Ruhe gelassen zu werden. Dafür zahlt er mit Hilfsbereitschaft und zumindest oberflächerlicher Loyalität. Dieser ›everybody's darling‹ gibt sich unkompliziert ›pflegeleicht‹, zugänglich, offen. Er ist nicht verschroben, zeigt keine Allüren. Er ist ohne Klippen und Kanten. Vielleicht liebt man ihn nicht gerade, aber er wird auf jeden Fall nicht gehaßt. Er ist unterhaltsam, nett, adrett. Der Bursche für alle Gelegenheiten. Er kann alles, oder gibt sich wenigstens Mühe, alles zu können. Er ist nicht intrigant, nicht verschlagen – höchstens ein ganz klein wenig. Aber jeder und vor allem jede wird es ihm als Dumme-Jungen-Streich nachsehen. In der neueren Literatur kennen wir diese Maske als ›Peter-Pan-Syndrom‹ – die Weigerung, sich verantwortlich zu zeigen. Der Bub lebt nicht, er wird gelebt. Er bleibt an der Nabelschnur zufälliger Zuneigung und Belohnung. Er ist ein Spielball und gerade weil er sich in Ruhe und Friedlichkeit einsuhlt, jederzeit und unabwägbar verletzlich. Er balanciert auf dem schmalen Seil der Schutzbefohlenheit – immer entlang am Abgrund der Realität. Der Bub verweigert häufig jede Symptombildung, psychische Konflikte deuten sich bei ihm nicht ersichtlich an. Er verdrängt gekonnt – bis die sorgfältig gehütete Fassade blitzartig über ihm zusammenbricht, wozu ein Windhauch ausreicht. Dann schreit er nach den Müttern und Vätern seiner Umgebung und sieht sich außerstande, das Geschehene zu begreifen.

Nur scheinbar dem Bub verwandt ist der Looser. Dieser ›ewige Verlierer‹ kultiviert seine Neurosen peinlichst. Er ist vom Schicksal unermüdlich gebeutelt. Panische Reaktionen sind die Folge dieser ständigen Problemüberflutung. Seine äußere Larve ist der Tollpatsch oder der Dakkel, der mit treuen Augen verzweifelt in die Welt starrt.

Sein Winseln um Nähe und Zuneigung ist methodisch. Er gibt nicht sich als Person, sondern vermittelt sich in Ticks und Tricks. Ein Paradebeispiel dieses Typs verkörpert Woody Allen in seinen Filmen – herzerweichend, aber in der Wirklichkeit meist ohne filmisches Happy-End. Der Looser verweigert die Arbeit an seinen Defiziten. Statt seine Neurosen als das zu akzeptieren, was sie sind, nämlich Symptome notwendiger Umkehr und Reflexion, jongliert er mit ihnen showmäßig. Er flüchtet ins Unbehagen und begegnet Schmerz und Verzweiflung mit Stilisierungen. Doch wer derart allen Weltschmerz für sich monopolisiert, ist bloß pittoresk, nicht gültig. Der Preis für die Masche ist die Ausweglosigkeit des Sisyphos – jeder Schritt voran wird zum Rückfall. Hilfe erreicht ihn erst, wenn sein Umfeld die Verspieltheit seines Handelns und Fühlens durchschaut und zerstört, wenn er lernt, sein Selbst gegen seine Symptomwut zu setzen.

Demgegenüber weiß der Softie (der Sensible, Einfühlsame) genau, was er und was ihn treibt. Er ist modisch, trendbewußt – und grenzenlos verlogen. Der Softie ist eine Hyäne, die das Strandgut unserer Tage aufliest und die Opfer verächtlich belacht. Der Softie ist informiert über die Techniken der Gefühlswelt, beherrscht die Methoden psychologischer Rückkopplung. Wird mit ihm geredet, nickt er bestätigend, durch Jas und Mhms gibt er zu verstehen, daß er engagiert zuhört. Er faßt Gesprächspartnerinnen bei den Händen, streichelt über ihre Schultern und versichert sie so seines Da-seins. Er ist Seelenwärmer und Müllbeutel, Märtyrer und Beichtvater in einem. Er will nichts und gibt alles. Er ist unbändig gut und aufmerksam – und verkürzt alles auf Mittel zum Zweck. Er ist tatsächlich tief und fast übermenschlich sensibel. Er hat begriffen, daß sich die Zeiten gewandelt haben, er pocht auf Gleichrangigkeit und verurteilt jeden Pascha zutiefst. Er grämt sich über die schnöde Äußerlichkeit der modernen Gesellschaft und träumt emphatisch von Reinheit und

Sanftheit. Er gibt sich stets so, wie er meint, daß die ›neuen Frauen‹ sich den ›neuen Mann‹ wünschen. Und blufft bei all dem mit gezinkten Karten. Denn er handelt nicht aus sich heraus, nicht nach Maximen und Überzeugungen. Seine lauthalsen Ideale sind Eitelkeit und Gefallsucht. Er ist lieber, weicher, verständnisvoller als jeder andere. Aber was er aufsagt und darstellt, ist in den allermeisten Fällen nur aufgesogen, besserenfalls intellektuelle Einsicht, aber sehr selten stimmiges Gefühl. Der Softie erträgt Unmengen kognitiver Dissonanz, also innerer Widersprüche, er pendelt zwischen den Strängen seines Wissens wie ein Schiff ohne Anker. Er erfüllt das Geforderte, aber er füllt es nicht. Eine Frau hat mir einmal anvertraut, Softies seien ›unheimlich heimlich‹. Sie passen sich redlich in ein Schema und ergötzen sich selbstzufrieden daran, daß ihrer Rolle die Kanten abgeschliffen wurden. Nur: gerade diese stumpfen Konturen können tödlich verletzen. Kein Kampf ist wahnwitziger, als der Grabenkampf der Wattebäusche. Die zur Schau gestellte Weiblichkeit ist keine Androgynität (Zwischengeschlechtlichkeit), ist keine Synthese der geschlechtertypischen Eigenschaften und Werte in einer Person — sie ist die billige Imitation des überkommenen Weibchen-Klischees. Der Softie hat das Phänomen Frau nicht verarbeitet, sondern verkürzt, indem er das herkömmliche Rollenschema verdreht handhabt. Das einzig Innovative am Mythos dieser Sanftmuts-Gaukler ist die Spiegelverkehrtheit, in die sie sich vor der Notwendigkeit einer neuen Geschlechteridentität retten.

Zusehends mehr Beliebtheit erlangt die Maske des Künstlers. Ob genialisch-unverkannt oder unmittelbar vor dem Durchbruch, der Künstler stylt sein Image gnadenlos. Ob es sich dabei um Berufung oder wenigstens Beruf handelt, ist zweitrangig. Auch wird das hehre Wort Kreativität dankbar gedehnt. Schließlich ist ein Job in der Werbung allemal Kunst, und auch das Design eines Panzers hat ästhetisches Format. Und mit der Rolle des Künstlers läßt sich unschwer eine Menge ›Eigentlichkeit‹ verbinden. Man muß nicht gerade einer sein, um sich rechtens als solcher auszugeben. Es genügt, es eigentlich zu sein. Und damit ist man geschwind den Fesseln jeder Konvention entrückt. Man darf ungestraft poltern, nörgeln, quälen, gängeln. Ewige Nabelschau ist zwingend und Zuhören vertane Zeit. Der Künstler pfeift auf schnöde Tugenden wie Fleiß oder Pünktlichkeit – solange es ihn angeht. Er darf sich als Maß aller Dinge sehen und jeder Egoismus kann ihn nur voranbringen. Er ist um unserer heiligen Kultur Willen zu hofieren, zu bedienen und in jeder Laune zu ertragen. Ein Künstler zu sein, ist die letzte erdenkliche Legitimation des Paschas. Deshalb wohl vermehren sich die Maler, Filmer, Schreiber, Musiker und Mimen so inflationär. Der Künstler (also jeder, der ›irgendwie kreativ was total Neues‹ herstellt, vertreibt oder performt) ist göttergleich der Realität enthoben. Seine Maßlosigkeit ist nicht nur angebracht, sondern überaus chic. Und ein Hauch Depression oder ein bißchen schizoides Flair kommen der Nummer nur zugute. So verharrt der Künstler-Darsteller im Spagat zwischen alltäglicher Dienstbeflissenheit gegenüber den Institutionen und Personen, die seine Existenz gewährleisten und den Suggestionen und Fiktionen seiner narzißtischen Schaustellung. Aber aus dem Spagat entsteht keine Linie, und es braucht immer mehr Firlefanz und Zweckphantasie, um das Szenario zu stützen. Der ›Künstler‹ kann nicht ›eigentlich‹ sein und die Lüge als Kunst nur erbärmlich. So sucht sich der Träger der Künstlermaske ohne das Feedback seiner Adepten entweder rasch eine neue Larve – oder er schiebt tatsächlich ab in das Spinnennetz seiner schizoiden Fäden und Knäuel.

Ein letzter Typus männlicher Chamäleon-Haltung, auf den ich näher eingehen möchte, ist der Guru. Gurus sind keineswegs so selten, wie wir gemeinhin annehmen, und auch nicht auf den asiatischen Raum beschränkt. Das Entscheidende beim Guru ist eben nicht das Nagelbett oder die weiße wallende Kutte, sondern die Meister-Jünger-Sicht auf zwischenmenschliche Beziehungsstrukturen. Der Guru spricht nicht, er verkündet. Er läßt nichts als fraglich stehen, sondern folgert aus seiner allumfassenden Weisheit die unbedingte Richtigkeit jeder seiner Botschaften. Seine Rhetorik ist ebenso eindringlich und von ausschweifender körpersprachlicher Gestik untermalt, wie bedeutungsschwanger. Ein typischer Guru eröffnet etwa einer Runde erstarrter Hörer ›das Wichtigste am Leben sei das Leben‹. Das klingt, wenn man es liest, trivial bis einfältig – aber, mit weitschweifendem Blick und bebender Stimme präsentiert, wird es zum Hauch von Erleuchtung. Der Guru ist ein Rattenfänger – er hält sich geheimnisvoll anonym, flötet die Melodie des Universums und sammelt Menschen wie Anekdoten oder Souvenirs. Sein Kapital ist Rhetorik, Halbwissen und Überzeugungskraft. Im Gegenzug nimmt er Liebe. Mit der Zeit drückt er den Personen seiner Einflußsphäre Besitzstempel auf und setzt Unterwerfungsrituale durch: Kleiderordnungen, Sprachregelungen, Näherungshierarchien.

Natürlich sieht sich der Guru zwangsläufig in seiner Führerrolle bedroht, so daß sein Verhalten allmählich von Argwohn geprägt wird und gelegentlich paranoide Züge annimmt: er schreitet zur Inquisition, bemäkelt mangelhaften Gehorsam, entzieht sich divahaft seinen Jüngern und errichtet Spitzelsysteme.

Abschließend sei auch noch darauf hingewiesen, daß all diese männlichen Masken, diese Lebenslügen zur Existenz, zwar vorrangig, aber keineswegs ausschließlich Männern vorbehalten sind – sie lassen sich jedoch auch in weiblicher Rollenmanier finden, wie auch umgekehrt prototypische Frauenmasken ihre männliche Träger finden können.

Frauenmasken

Bekannt ist das Kindchenschema. Das Kindchen reduziert sich auf Appelle an den (angeblichen) Beschützerinstinkt des Mannes. Das Kindchenschema funktioniert über Physiognomie (große Augen und Mund, Betonung des Kopfes, langes Haar), wobei die Merkmale des Kleinkinds kopiert oder etwa durch Make-up hervorgehoben werden. Ein wesentliches Moment ergibt sich auch aus der Gestik: eine dezente Rührseligkeit und Naivität im Körperausdruck fördert den Gesamteindruck. Die Kindfrau verspricht Bewunderung, Anschmiegsamkeit, die Absicht sich führen und sich ›die Welt und das Leben zeigen‹ zu lassen. Somit wird sie zur Idealpartnerin schwacher Männer, die problemlose Unterordnung suchen. Wie ein Kind darf sie sich auch gelegentlich trotzig oder bockig zeigen, kann scheinbar unmotiviert launisch reagieren, denn sie beansprucht nicht, als reife Persönlichkeit ernstgenommen zu werden. Ihr Dasein ist ein Spielzimmer. Der Partner wird sie aufgrund ihrer Harmlosigkeit auch anfangs verzärteln und verwöhnen – aber es entsteht nie die Symbiose einer gleichgewichtigen Beziehungsebene. Die Gefahr besteht darin, daß ein Ausbruch aus dem Kindchenschema Strafe zeitigt oder daß die Kontinuität dieses ›Schmalspurverhaltens‹ zu mangelhaftem Selbstwert und depressiven oder phobischen Symptomen führt – das alleingelassene Kind stürzt in Angst und Verzweiflung.

Den Gegenpol bietet der Muttertyp. Sie entledigt ihre Freundinnen und Partner der Sorge um den Alltag, ein warmherziger, allzeit verständnisvoller Fels in der Brandung der Widrigkeiten. Die Mutter schützt und gibt, versorgt und verzeiht, zeigt sich unbegrenzt stark und präsent. Aber sie lenkt und erzieht auch – sachte oder deutlich, gezielt oder willkürlich. Diese sanfte Autorität läßt durchatmen, ausruhen, heimisch sein. Dabei sollten wir uns nicht eine Karikatur dieses Musters vor Augen halten – die Mutter ist nicht an Hauskittel, Wäscheleinen und

Bratkartoffeln gebunden. Die psychische Struktur und Verhaltenstendenz ist subtil und gelegentlich fast unbewußt.

Das Dilemma der Mutter besteht darin, daß sie Dankbarkeit und Treue erwartet, aber gerade dies nicht bekommen kann. Denn bestimmend bei der Mutterfigur ist die Freiwilligkeit der Hingabe und die Neutralität des Sexus. Die Gegenüber akzeptieren die unterschwelligen Hoffnungen selten, sie nehmen die Fürsorge und Hinwendung als selbstverständlich und flüchten vor dem Zugriff der Übermutter, ihren Ratschlägen und Zärtlichkeiten in erotische Eskapaden. Die Partner der Mutter nabeln sich ab, gehen ihre eigenen (Schleich-)Wege – die Mutter bleibt starr auf dem Sockel marienhafter Geduld. Die Mutter wird nicht begehrt, sondern beschwichtigt, nicht gewollt, sondern beansprucht. Das hat bei den Betroffenen Enttäuschung, stummen Haß und fortwährende Verzweiflung zur Folge. Denn die Schuld für die mißlingende Interaktion wird bei den ›andern‹ gesucht, das eigene Tun ist ja unstreitbar gut und tugendhaft. Nur: die Menschheit mag einer Florence Nightingale Orden und Nobelpreise verleihen, sie ehren und respektieren – geliebt und ersehnt wird Tugend kaum, schon eher belächelt und hintergangen. Aber dies nicht zu Unrecht, denn die Aufopferung der Mutter ist ja nicht wirklich aufrichtig – sie zielt auf Erwiderung, die zudem noch permanent geleugnet wird. So wohnt dem Rollenset ›Mutter‹ stets – wie in der klassischen Bühnenliteratur – etwas Tragisches inne, dessen sich diejenigen bewußt sein müssen, die sich auf diese Beziehungsschiene einlassen.

In enger Verwandtschaft zur Mutter findet sich die Schwester, die ewige Vertraute, der Kummerkasten für alle Welt. Sie wird stets dann gesucht oder befragt, wenn ein Schatten auf die Routinen des Alltags gefallen ist. Sie darf sich um Unannehmlichkeiten kümmern, sich mit Widrigkeiten befassen, die nichts mit ihrer Person zu schaffen haben. Sie ist den Männern der nette Kumpel, der schulterklopfend durchs Leben geschleift wird und sich immer dann diskret zurückzuziehen hat, wenn andere, ›richtige‹ Frauen aufs Terrain kommen. Die Schwester wird über sämtliche Affären mit allen Details, Hochs und Tiefs auf dem laufenden gehalten, wird bei amourösen Kümmernissen ihrer männlichen Bekanntschaften zum Schiedsrichter – aber vegetiert mit dem Etikett ›brauchbar‹. Ihre Sehnsüchte und Hoffnungen stehen gar nicht erst zur Debatte. Die Schwester ist der Lichtschimmer unserer materiellen, berechnenden Epoche – und ähnlich wie die Mutter ohne Ansprüche, Rechte und Eigenwertigkeit. Ausnutzen und Benutzen gehen Hand in Hand, und wenn etwa so ein herziges Wesen anfängt, Forderungen zu stellen, wird es ganz schnell gegen ein neues ›nettes Mädchen‹ ausgetauscht. Die Schwester ist selten tragisch, kaum allein – aber immer letztlich einsam. Daran zerbricht sie im Lauf der Zeit und schrumpft unter der Maske zu einem abgenutzten Stück Mobiliar. Ganz anders der Vamp. »Männer umschwirrn ihn, wie Motten das Licht und wenn sie verbrennen, dafür kann er nicht« – wie es in einem Schlager-Klassiker heißt. Allerdings kann er gewaltig für das, was er anrichtet. Denn sein Spiel ist berechnet und spekuliert auf den Don-Juanismus zahlreicher Männer, eine spezielle Variante masochistischer Charakterstruktur, die das Leiden der Eroberung genießt. Der Vamp läßt baumeln, hängen und hecheln, wehrt ab und zeigt sich unnahbar und greift erst nach seinen Opfern, wenn ihnen der Atem genommen ist, aus den Helden und Siegern armselige Bittsteller geworden sind. Der Vamp thront als Spinne im Netz und suhlt sich in den Mechanismen und Gesten männlicher Erniedrigung. Auch hier ist es wieder so, daß das Klischee kaum trifft: der Vamp ist nicht unbedingt eine strahlende Schönheit, nicht immer mondän und leicht verrucht. Das Vampspiel beinhaltet vielmehr die zwanghafte Ausrichtung auf Krieg, Unterwerfung und Übergabe. Der Vamp sehnt sich nach Nähe und Zuwendung, aber er ist wie die Brunhilde der Nibelungen-Sage zum Kämpfen verdammt. Die Maske des Vamps klebt wie eine Klette an der Trägerin, das Muster wird ihr, ist es erst mal angehaftet, zum Verhängnis: sie darf nie wieder sein, in sich ruhen, sich austauschen oder verlieren. Und wenn das Alter über den Vamp hinwegfegt, bleibt wie bei allen Kriegen meist nur eine Ruine übrig.

Widmen wir uns der chicsten Maske der Gegenwart: der Karrierefrau. Sie hat sich durchgesetzt oder ist kurz davor, es zu schaffen. Aber gegen wen richtet sich ihre Durchsetzung? Gegen die gleichgeschlechtliche Konkurrenz, die Männer allgemein oder den Partner im besonderen? Wie muß sie sein oder sich zumindest geben, um die heißersehnte Karriere zu machen? Hart, stark, unnachgiebig, oder doch charmant und loyal? Nach welchem Maßstab bemißt sich der Erfolg? Und wer setzt diese Maßstäbe? Fragen, denen sich die Karrierefrau gar nicht erst stellen darf, will sie nach ›oben‹. Und diese Fraglosigkeit bezahlt sie teuer: mit ihrer Identität. Oft geht sie den Konventionen auf den Leim, die einer Frau den beruflichen Erfolg nur gestatten, wenn sie sich als der bessere Mann geriert. So entstehen ›eiserne Ladies‹ oder traumatische Wurstlerinnen. Es ist kein Wunder, daß im Zuge dieser ›Emanzipation nach dem Diktat des Patriarchats‹ die psychosomatischen Erkrankungen die Geschlechterfront wechseln. Die Statistik belegt unzweideutig, daß Herz-, Kreislauferkrankungen, Magen-/Darmgeschwüre und ähnliche Streß- und Verschleißerscheinungen bei Frauen rapide auf dem Vormarsch sind. Denn wer sich verkauft, verschreibt sich immer mit ›Haut und Haar‹, also mit Geist, Seele und Körper. So wird die Karriere in all ihrer Fragwürdigkeit oft zu einer Einbahnstraße in die Sinnlosigkeit wohlfeiler Prestigeroutinen. Die wirkliche Karriere des Menschen besteht darin, sich optimal zu finden, zu entdecken und mit seinen Visionen und Fähigkeiten ein winziges Stück am

Rad der menschlichen Entwicklung zu drehen. Aber dies muß aus dem Nabel des Selbst heraus erfolgen, nicht aus dem Tretrad der postindustriellen Verwertung, denn Belohnung (also die stimmige Befriedigung emotionaler Bedürfnisse) ist allemal etwas anderes als der kommerzielle Lohn der Angst und Anpassung.

Einen Schritt weiter gibt sich da die Feministin. Sie hat sich von männlicher Abhängigkeit losgesagt und versucht sich in relativer Autonomie. Sie verficht nachdrücklich eine eigene Ideologie. Die Schrecken des Patriarchats weiß sie historisch wie soziologisch zu analysieren und sie geißelt sie bei jeder Gelegenheit. Sie hat das moralische Recht auf ihrer Seite. Sie steht in der Tradition der Suffragetten und begreift sich als Vorreiterin und Märtyrerin einer besseren, weil weiblichen Welt. Die Feministin hat oft die Drohungen, Versprechungen und Verlockungen der chauvinistischen Gesellschaft längst über Bord geworfen. Sie ist der Weibchenrolle entschlüpft: Kosmetik ist ihr ebenso Teufelszeug wie aufreizende Kleidung. Ihr Verhältnis zu Männern ist unproblematisch, entweder sie macht Front gegen die Paschas und Unterdrücker, oder sie toleriert diejenigen Exemplare der männlichen Spezies, die sich ihr sanft, verunsichert und voller Bußfertigkeit präsentieren. Um Irrtümer auszuschließen: die Feministin ist beileibe nicht identisch mit der emanzipierten Frau, die sich ihres Status und Stellenwerts bewußt ist. Die Werthaltung der Feministin ist antithetisch, das heißt, sie denkt und verhält sich abstrakt. Sie zieht aus der korrekten Analyse jahrhundertelanger männlicher Dominanz und Doppelmoral einen fatalen Schluß: sie sucht ihr Heil im Rückzug vor den Diktatoren in den Schoß ausschließlich weiblicher Gruppenseligkeit. Und so versumpft sie in rhetorischer Selbstgenügsamkeit. Der Kreis der Gleichgesinnten wird zur Trutzburg, die eine realitätsferne Eigendynamik bewirkt: das Gestern wird mal verklärt, mal verteufelt, das Heute wird gemeinsam durchlitten, bejammert oder attackiert und ein besseres Morgen erleuchtet den Horizont gleichgerichteter Hoffnung. Der Irrtum liegt darin, daß die Verantwortlichkeit für die eigene Situation verdrängt wird. Schuldzuweisungen richten sich gegen die Überväter der Geschichte, gegen konstruierte Trugbilder (*der* Mann, *die* Männer) und Emotionen werden auf die Gruppe kanalisiert (die Gruppe wird zum Mutterersatz, die alles versteht, verzeiht, aber auch einfordert). Die Wirklichkeit wird sekundär, vom Gegenstand des Erlebens zum Objekt der rationalen Erkenntnis – das Selbst bleibt unbeteiligt. Die Gruppe bestimmt die Normen, Werte und Handlungslinien, sie verschlingt die Spontaneität und Situationsfähigkeit und macht die einzelne zum unmündigen (und deshalb latent zornigen) Kind, das mit den Armen rudert, um sich Halt und Richtung zu geben und Luft zu verschaffen. Die Feministin ist freilich inzwischen zu einer Erscheinung weniger letzter Reservate geworden.

Die reaktionäre Wende der achtziger Jahre hat den neuzeitlichen Puritanerinnen das Heft aus der Hand genommen. Frau hat sich arrangiert. Die Bewußtseinsblätter der Frauenbewegung wurden von Hochglanzpostillen bedeutungsmäßig abgelöst. Es entstand die Instant-Frau: clean, flexibel bis zur Unkenntlichkeit, tiefgefroren, aber leicht löslich in jeder passenden Brühe. Die Instant-Frau ist das Synonym des perfekten Zeitgeist-Wesens. Sie spürt jedem Trend nach, ob modisch, sozial oder psychologisch. Sie reagiert rasch und gekonnt; sind Kinder out, weist sie die Nutzung als Gebärmaschine von sich. Macht man grad mal in Familie, ist sie schon längst auf dem Romantik-Trip und stellt ihre reizenden Kleinen im kuscheligen Outfit aus. Sie ist nur mit den eben relevanten Jobs beschäftigt – da ›sozial‹ trotz Schwarzwaldklinik nicht angesagt ist, lümmelt sie zwischen Medienbüros, PR-Agenturen, Innendesignateliers und den Modeboutiquen der gehobenen Kategorie herum. Sie fährt im kleinen Schwarzen und spricht im Jargon der neuen Briefkastentanten: fetzig-aufgeklärt mit einem Schuß Abgebrühtheit. Sie hat Stil, Format, Intellekt und einen Duft von Laszivität und Jet-set. Ihre Beziehungen zu Männern sind nicht feministisch, sondern zeitgemäß. Sie hat die Emanzipation längst überholt, ohne lange über sie nachzudenken. Sie hält sich einen Partner der Vernunft, Freunde fürs Herz, Kumpel fürs Praktische und Lover für laue Nächte. Sie ist auch keine Karrierefrau, denn nicht der Macht gilt ihr Augenmerk, sondern der Bequemlichkeit und allem, was den Tag angenehm macht. Sie braucht keine umfassende Information, denn sie hört und liest genug, um mitreden zu können. Ihre Gefühlswelt ist auf Nützliches gerichtet – Vermeidung von Unlust ist ihr Prinzip. Und dieser Cocktail ihrer Motive und Ziele wird ihr allwöchentlich am Kiosk neu angerührt und flott serviert. Die Instant-Frau erwirbt ihre Maske von der Stange. Ihr Zustand ist nicht taub, nicht lebendig, sondern vorbewußt und äußerlich rege. Ihr Lieblingswort heißt ›vielleicht‹ – Fatalismus aus der Mikrowelle.

All diese Gratwanderungen zum Dasein sind nicht krankhaft. Sie schmerzen kaum, sind lange symptomfrei, gestatten uns eine Weile, die Konfrontation mit uns und der Realität zu vermeiden. Aber sie hemmen auch jede Entwicklung der Persönlichkeit, lassen uns mit Scheuklappen und eingefärbten Brillen auf unser Umfeld losmarschieren und uns irgendwann bestürzt vor der Leere und Kälte unserer Scheinbeziehungen erschrecken, wie im folgenden Kapitel näher ersichtlich wird. Aber vorher sind noch die Sozialmasken anzusprechen, die dazu dienen, ihre Träger im gesellschaftlichen Umgang zu klassifizieren und das soziale Zusammenleben durch einen festen Verhaltenskodex zu vereinfachen. Sozialpsychologisch spricht man bei diesen Masken von Idolisierungen oder Stigmatisierungen, also von Zuschreibungen glorifizierender Merkmale oder Abklassifizierungen. Auf der einen Seite sind dies etwa Märtyrer, Helfer, Helden, moralische Vorbilder, auf der anderen Outcasts (Stadtstreicher, Kriminelle, Prostituierte

o. ä.), Kranke und Behinderte, oder Menschen, die von sozialer Fürsorge leben. Ich brauche diese Beispiele inhaltlich nicht näher zu erläutern, wesentlich ist, daß der ›common sense‹, also die allgemeine Meinung über diese Masken, unsere individuelle Erlebnisfähigkeit mit diesem Personenkreis verengt. Wir sitzen solchen Menschen gegenüber in der Falle unserer festgeschriebenen Erwartungen und Vorbehalte und handeln aus dem Impuls, unser Vorwissen bestätigt zu finden. Umgekehrt bedeutet dies, daß sich etwa Stigmatisierte, die sich des sozialen Wissens um ihr ›Image‹ ja bewußt sind, kaum unmittelbar an ihren Bedürfnissen und Absichten ausrichten können, sondern jede Handlung erst auf Übereinstimmung mit, oder Widerspruch zu ihrem Stigma abklopfen müssen. Die Sozialmaske wird zur Kapsel um das Ich, die fortwährend mit verabreicht oder geschluckt wird – der einzige Weg aus dem Dilemma ist die genaue Analyse der Bestandteile des Rollensets und der ableitbaren Erwartungen und der Bruch dieser Konvention durch pointierte Aktion des Selbst, also insbesondere der Verstoß gegen die errichteten Schweigespiralen. Ein Beispiel liefern seit einigen Jahren Behinderte, die sich als Gruppen formieren und aggressiv-öffentlich gegen ihren emotionalen Ausschluß vorgehen und individuell ihre Gegenüber mit der Phalanx der Voreingenommenheiten provozieren, indem sie sie artikulieren. Also: wenn ein Rollstuhlfahrer den Schleier mitleidigen Wegsehens zerreißt, indem er Bedürfnisse direkt äußert (»Sehen Sie mich an, wenn Sie mit mir sprechen!«, »Ich möchte mit Ihnen ausgehen, aber als Mann oder Frau, nicht als geschlechtsloses Wesen!«), entledigt er sich zumindest situativ der ihm verabreichten Maskierung und verweigert sich der Maske gegen seinen Charakter – er formt und formuliert sich neu und eröffnet sich neue Möglichkeiten und Felder sozial legitimierter Interaktion. Wie dieser Abbau von Masken im Detail möglich wird, werden wir in einem späteren Kapitel behandeln.

Wie Masken schaden

Masken sind dreifach problematisch – als kommunikative Bremse zum Du, als Barriere gegen das Selbst und als rezeptive Sperre in der Interaktion anderer mit uns, was wir als Mißtrauen, Unglaubwürdigkeit, Gehabe, ›Buhei‹, Unaufrichtigkeit oder Versteckspiel empfinden und einordnen. Wenden wir uns zunächst dieser ›Empfängerebene‹ des mitmenschlichen Umgangs zu.

Die Masken der andern

Ein Mensch hat uns inständig und über einen längeren Zeitraum seine Zuneigung oder sogar Liebe versichert. Er hat uns erklärt, daß er uns will und braucht, daß wir sein Dasein bereichern und er die Intensität einer Bindung an uns sucht. Dabei ist es zweitrangig, ob dieser Mensch uns Treue und Ausschließlichkeit zugesagt hat. Wichtig ist nur: er hintergeht uns. Öffentlich, indem er sich einem anderen Menschen partnerschaftlich zuwendet. Heimlich, mit Gelegenheitsaffären, oder einfach, indem er sich in seinem Verhalten von uns distanziert: er lebt weiter neben, aber nicht mit uns.

Unsere zentrale Reaktion ist Enttäuschung. Wir fühlen uns von dieser Person getäuscht. Ein stillschweigender Vertrag wurde gebrochen (selbstverständlich sind an solchen Geschehnissen stets alle Beteiligten ›schuld‹, aber das ändert nichts an unserer Reaktion). Man hat uns etwas vorgemacht, nicht die wahre, authentische Seite (in unseren Augen die Kehrseite) der Existenz geboten. Wir sind einer Schmierenkomödie aufgesessen.

Diese Vertrauensbrüche sind beileibe nicht auf Partnerbeziehungen beschränkt. Sie kommen bei Freundschaften, in der Familie, auch im Berufsalltag vor. Und sie sind um so dramatischer, je weniger wir sie kalkulieren können, also je perfekter uns eine Rolle vorgemacht wird. Unsere Illusionen schwimmen weg wie Treibholz, unsere Hoff-

121

nungen schmelzen, wir sagen: Ich stürze abgrundtief. Dieses Gefühl des Untergangs, des Sinkens ohne Halt ist typisch für den psychischen Gehalt des Vorgangs. Wir erleben eine Urangst, die wir in die Aktualität projizieren. Es sind die Ängste – und Erfahrungen – des Kindes, von der nährenden Mutter aufgegeben zu werden, allein und einsam der Welt ausgesetzt zu sein. Deshalb auch rutschen wir beim Verlassenwerden automatisch in irrationale Katastrophenmuster: wir erleben uns als von allem und jedem abgestellt, ausgeschlossen, fremd, ›mutterseelenallein‹. Wir monopolisieren allen Weltschmerz für uns und ziehen jede negative Aktion ›magnetisch‹ an. Wir empfinden uns als hilf- und schutzlos. Würden wir rational an die Sache herangehen, müßten wir erkennen, daß wir schon lange vor dem Partnerverlust auf uns allein gestellt waren, wir über längere Perioden ohne den Partner existiert haben, es bereits seit Jahren oder Monaten Unstimmigkeiten und Finalsignale in der Beziehung gab – und daß wir noch jede Menge Menschen um uns wissen, die uns Halt und Sinn zu geben vermögen, bis hin zur Tatsache, daß wir auch die Chance eines Neuanfangs, einer wiedererstandenen Freiheit gewonnen haben. Natürlich sind wir in unserer Leidensbereitschaft (und Leidenspose, die wir nach außen tragen und perfektionieren!) zu derartiger Einsicht weder fähig noch bereit, und wir beginnen, die Erfahrung der Ent-täuschung zu potenzieren und zu generalisieren. Wir machen den Schmerz zum Maßstab menschlichen Miß-handelns und die Taktik des Ausweichens vor derlei unlustvollen Erlebnissen zu unserem inneren Programm, mit dem wir Fremden begegnen.

Die Maske der andern hat uns verletzt. Nun sehen wir sie allgegenwärtig, fühlen uns ihr ausgeliefert und entwickeln eine gegenteilige Verhaltensstrategie von Mißtrauen, Skepsis, Prüfung und Provokation. Wir wandeln uns vom Er-lebenden zum Regisseur von Prüfungssituationen – und werden damit gleichzeitig spontaneitätslose Fassadenwesen.

Das Bewußtsein der uns umgebenden Masken läßt uns zu interaktiven Taktikern verkommen, die unfähig werden, den Genuß menschlicher Begegnung zu empfinden und zu formulieren.

Mißtrauen

Die Grundhaltung des Nicht-Vertrauen-Könnens ist: »Ich warte erst mal ab, was geschieht, mir entgegenkommt und bleibe solange reserviert.« Es ist die innere Ausrichtung auf Passivität. Wir deuten Verharren, Unbeweglichkeit, Statik und Erwartung zu einem Pol von Ruhe und Stärke um und glauben derart in der Re-aktion besser Gefahren erkennen, ihnen ausweichen oder ihnen entgegenwirken zu können. Wir reduzieren uns auf die Phantasie emotionaler Sparrings – wir werden Fighter gegen die unterstellte Betrugsabsicht und Aggressivität derjenigen, auf die wir treffen.

Da heißt es dann etwa: »Ich bleibe vorsichtig und beobachte nur kritisch.« Oder: »Ich bin so oft ent-täuscht (ge-täuscht) worden: ich kann jetzt nicht mehr. Ich warte auf den Menschen, der ganz anders ist, der mich bedingungslos annimmt. Dieser Mensch wird schon kommen, auf mich zutreten, für mich da-sein.« Dies ist natürlich die Rettung in die Illusion. Wer so argumentiert – subjektiv berechtigt und durch zahllose Beispiele gestützt –, wirft sich ins Büßergewand, in den Märtyrerstatus. Und teilt das Schicksal aller Märtyrer, denn ein solches Verhalten wird zu Lebzeiten nicht verstanden – der Erlöser kommt nicht vom Himmel, sondern kann nur aus uns entwachsen. Ganz von dieser Projektion der Verantwortung abgesehen: die Aktionen des Mißtrauens, des (auch verteufelt süffisanten) Zweifelns an der Welt, bedingen quasi automatisch Reaktionen der Abwehr oder Ignoranz: der Misanthrop bleibt draußen vor der Tür. Eine Freundin hat sich über Jahre mit dieser Weltverzweiflung herumgeschlagen: »Ich habe irgendwann gedacht, daß mir die

Menschen nichts mehr zu geben haben. Meine Liebe wurde immer nur mit Ausnutzen und Niedermachen beantwortet. Ich habe mich dem nicht mehr aussetzen können (sie meint: wollen!). Ich habe mir einen Hund zugelegt, einen Papagei, dann noch einen Hund. Die haben meine Zuwendung erwidert. Für mich waren die Tiere die besseren Menschen. Das hat aber auch jeder gespürt. Ich war wie in der Wüste, bin fast vertrocknet. Rausgekommen bin ich da erst, als Bodo – mein Afghane – verschwand und ich total am Boden zerstört war, so als wäre mir ein Mensch abhanden gekommen. Das Prinzip war das gleiche, so ungefähr jedenfalls. Und ich bekam klar, daß es etwas in mir war. Außerdem konnte ich damals wirklich nicht mehr. Ich hab' nur noch geheult, tagelang, konnte mich kaum noch rühren. Ich mußte einfach um Hilfe schreien, und die habe ich dann bekommen. Von einer Freundin, bei der ich das nie erwartet hätte.«

Dabei stoßen wir an das Phänomen Stolz – oder Eitelkeit, das Problem des angekratzten Ego. Die Maske eines andern hat uns auflaufen lassen, wir sind an unsere Grenzen gestoßen – aber wir wollen eben dies nicht wahrhaben. Wir bleiben kühl auf dem Sockel unserer Selbstbeweihräucherung – und verdrehen die Erfahrung so lange (unser stets schönungsfähiges Langzeitgedächtnis hilft uns dabei), bis wir unser eitles Selbstbild gerettet, unsere Maske zu uns gekittet haben. Dann verkehren wir unsere Wut und Angst ins Außen, werfen uns in die Brust, zeigen vermeintlichen Stolz und scheinbares Rückgrat: und lassen uns auf kein Gegenüber mehr ein.

Skepsis

Und wenn uns doch einmal ein Mensch ›packt‹ und all diese Symptome eines gehörigen Adrenalinstoßes auslöst, daß der Bauch rumort und die Hände feucht werden, spielen wir unsere Gefühle gegen unsere verflixte Ratio aus: das kennen wir doch, diese Maschen, diese Bauernfängerei. Da ist doch nur jemand, der's besonders clever anstellt, uns aufs dünne Eis der Gefühlsoffenbarung zu locken!

Wir wägen und vergleichen − war's nicht bei Emil und Franz genauso? Hat Monika nicht auch behauptet, sie sei ganz offen? Und wieder suchen wir die Raster, in die ER oder SIE paßt. Wir verteilen Charaktereigenschaften, Äußerlichkeiten, Überzeugungen und Fehler wie ein kleiner Gottvater, inszenieren unser Lebensdrama, siebenundvierzigster Teil, alles nach gehabtem Muster, nach der ewiggleichen Story. ›Kommen lassen‹ heißt die Devise. Ich bin Dornröschen oder die Prinzessin auf der Erbse, das arme waidwunde Sensibelchen oder der gestürzte Monarch − je nach Gusto und Eigenimage. Heraus kommt dabei unendliche, ermüdende Langeweile, das Abklopfen von Routinen. Zum Beispiel Liebe: wir, die wir redlich enttäuscht sind, die wir um die Intrigen und Widerwärtigkeiten all der Maskeraden wissen − wir stürzen uns doch nicht mehr in Abenteuer. Wir tasten doch nicht nach des andern Hand. Wir bleiben doch Mimose und weisen erst mal ab, und dann wieder ab, und dann noch mal...

Pubertäres Herumknutschen ist uns zuwider. Und Regen und Romantik erst recht. Es ist doch ein Deal, dieser Beziehungsstreß: was bietest du, was habe ich. Also klopfe ich deine Biografie ab und du meine und dann sehen wir, ob wir uns handelseinig werden, ob wir miteinander können. Das wollen wir wissen, und zwar vorher und mit Langzeitgarantie, nicht erst erleben. Bloß keine Überraschungen! So sind wir denn endlich auf Heiratsannoncenniveau angelangt und unsere Dates, Verabredungen und Stelldicheins werden zu Kreuzverhören.

Skepsis tötet, verhindert, ermüdet, sargt ein. Wir vergessen nämlich, daß Reflexion eine feine Sache ist − aber nur in der Konkrethcit, als Spiegelung einer Erfahrung, nicht als Legende eines Leidensweges. Wir müssen agieren, erkennen, gewinnen und scheitern − und daran wachsen. Skepsis ist die Fahrt durchs Leben mit angezogener Handbremse – es quietscht und ruckt, bis es irgendwann gar nicht mehr geht.

Aktion bedingt Reaktion, in der emotionalen Ausrichtung (also auf der atavistischen Schiene des Unbewußten) meist spiegelverkehrt. Einfachstes Beispiel: Aggression wird, wenn man nicht gerade auf Gandhi trifft, mit Gegenaggression beantwortet. Zuneigung und Körperkontakt mit – zumindest – freundlicher Haltung. Offenheit mit Vertrauen (zwei Menschen beichten sich ihre Geheimnisse). Und Skepsis mit Distanz, mit Argwohn und Verbitterung. Denn da ist ein Mensch, der mich nicht akzeptiert, sondern prüfen möchte.

Prüfungen
Das Ziel der Prüfung ist Gewißheit. Die Methode ist eine Hierarchie von Forderungen und Aufgaben, die wir uns (noch dazu unausgesprochen) für den andern ausbaldowern. Wir folgen damit infantilen Klischees, der Dramaturgie des Märchens: Zeige was ich dir wert bin, indem du dich riskierst! Im Märchen ist meist das Leben des Prüflings aufs Spiel gesetzt. Bei unseren Prüfungen sind aber wir das Risiko. Wir sind Preis und Einsatz in einem – ohne es wahrzuhaben und zu wollen.

Praktisch sieht das dann so aus, jedenfalls bei Marion: wenn er sich vier Wochen hinhalten läßt, ihr vier Wochen zeigt, daß er sie liebt, indem er solange auf ihre Erwiderung wartet (konkret: auf ihren Körper verzichtet, sich sexuell leugnet), meint er es ernst. Marion glaubt fest an dieses Schema einer weiblichen Notwehrmoral gegen patriarchalische Besitznahme, obwohl ihre Kalkulation bislang nie aufgegangen ist. Dummerweise trifft sie nämlich stets auf Männer, die das Spiel ganz nonchalant wochenlang durchhalten – und sie verlassen, ›wenn sie gekriegt haben, was sie wollen‹ – argumentiert jedenfalls Marion.

Dabei läßt sich das Geschehen gänzlich anders erklären.

Der Mann, der von Marion systematisch geprüft wird, setzt Maske gegen Maske, Spiel gegen Spiel. Für ihn ist Marion unaufrichtig, sie tut nicht, was sie spürt, sondern richtet sich nach einer Idee. Sie ist nicht ein Selbst, sondern ein Arrangeur. Und er steigt in das Spiel ein, indem er Zuneigung durch Gewinnabsicht ersetzt. Er hat an Marion rasch das Interesse verloren, denn Marion ist ja nicht vorhanden, sie bleibt im Versteck, in der Reserve. Und er verhält sich als Prüfling, der täuschen, austricksen, über die Runden kommen – und bestrafen will. Sein Ehrgeiz ist der eines Don Juan – er will nur noch das Opfer überwinden und sich dann als Sieger aus dem Staub machen. So züchtet Marion sich ihre Don Juans, obwohl sie meint, sie zu finden. Sie ist der Motor, nicht das Opfer.

Wozu soll auch dieses Prüfen eines Menschen auf seine Zuverlässigkeit, Bindungsfähigkeit oder Treue dienen? Im zwischenmenschlichen Bereich kann es doch keine Festschreibungen geben. Zusammen-, Einssein ist nur als Momentaufnahme denkbar.

Es macht also keinen Sinn, beim andern Detektiv zu spielen, ihm nachzuforschen, seine Macken und Schwächen der Vergangenheit auszukundschaften. Der Mensch vor uns ist, indem er uns begegnet, ein Stück weit ein unbeschriebenes Blatt. Seine Biografie läßt bestenfalls Dispositionen ableiten, aber in der Konfrontation mit dem Hier und Jetzt (und insbesondere uns) keine Verhaltensgewißheit.

Prüfung zerstört Vertrauen, höhlt es per Definition aus. So können wir nur lernen, konsequent zu sein: in dem Moment, wo wir beginnen, einem Du nachzustellen, seinen Tageslauf nachzuchecken, ihn – etwa durch Pseudo-Anrufe: ist ER/SIE wirklich zu Hause, oder im Büro – zu kontrollieren, haben wir (das heißt: hat unser Selbst) ihn längst verloren.

Provokation

Die Steigerung der Prüfung ist die Provokation. Ich verschärfe sozusagen die Gangart, beschleunige den Prozeß, eine angenommene Maske zu decouvrieren. (Wobei schon allein dieses Bemühen zweifach fatal ist: die Maskerade, die ich spüre, meist schon spontan im ersten Augenblick des Kontakts, brauchen wir uns letztlich nicht mehr zu beweisen. Wir haben die Gewißheit in uns. Wir können sie nur noch formulieren, ansprechen, mit dem Gegenüber behandeln. Und wenn wir diese Arbeit der Aufrichtigkeit fürchten: was wollen wir dann von dem Menschen – reagieren wir dann nicht bloß auf die Muster unserer biografischen Prägungen?)

Die Provokation ist ein Endspiel. Wir wissen, daß wir verloren haben, und mühen uns lediglich noch um den Beweis – die Schuldfrage, die unsere Eitelkeit bedient. Wenn wir also erst einmal unerfüllbare Forderungen stellen, Bindungen, Zeit, Ausschließlichkeiten oder Nähebeweise verlangen (im schlimmsten Fall wiederum stillschweigend), drücken wir uns um die fällige Trauerarbeit. Der Gipfel ist dann erreicht, wenn wir die Schritte unseres Partners nicht bloß verfolgen, sondern ihn in Versuchungen lancieren (»Hast du bemerkt, daß der X scharf auf dich ist?«), ihn zu Terminbeweisen und Alibis zwingen (»Wo warst du gestern abend um zehn?«, »Warum kommst du erst jetzt?«). All diese Fragen erübrigen sich. Wir müssen lernen damit zu leben: wir können von einem Gegenüber nichts verlangen, nichts einfordern oder einklagen – er kann uns seine Zeit und Aufmerksamkeit nur freiwillig, in Übereinstimmung mit seinen Träumen und Bedürfnissen schenken.

Schutz vor der Maske der andern:
Aufrichtigkeit

Die Provokation ist ein Trick, eine Finte. Sie ist gewollt, erdacht, nicht gefühlt. Um die Echtheit des Du zu erfahren, steht uns jedoch ein unfehlbares Mittel zur Verfügung: uns, unser Ego anarchisch jeder Maskierung zu entledigen. Das bedeutet: radikal, ohne Schminke jedem Gefühl in uns nachzugeben und es zu äußern – Lust, Unbehagen, Verzweiflung, Trauer, Wut oder Angst rigoros ›rauszulassen‹.

Natürlich ist das ein Ziel jeder Therapie. Und ebenso natürlich ist diese Ungebrochenheit ein hehres Ideal, verstößt sie doch gegen jede Konvention und mancherlei Kinderstube. Aber: sie läßt den andern nicht unbehelligt, zwingt ihn aus der Ecke, verlangt burschikos, Farbe zu bekennen.

In der Bibel (Offenbarung Johannes 3,15f) steht sinngemäß: »Ach, daß du kalt oder warm wärest! Wenn du aber lau bist, werde ich dich ausspeien aus meinem Munde!« In diesem Satz steckt unendlich viel an psychologischer Wahrheit, er definiert die Bedingungen sich ergänzender menschlicher Begegnung: der andere muß zu seinem Fühlen und Handeln stehen; und er kann dies, wenn wir uns gleichfalls zu unserem Streben und Tun bekennen. Dann entstehen Positionen einer inneren Wahrheit, die sich aneinander reiben, entflammen, vielleicht verbrennen können, die aber Glück, Lust und Tiefe greifbar machen.

Ein drastisches Beispiel gibt uns die Figur eines französischen Dichters des ausgehenden Mittelalters: François Villon. Villon war eine Ausgeburt rasender Gefühlswallungen. Er hat geliebt wie ein Berserker, seine Dichtung schreit ebenso kunstvoll wie verzweifelt, er hat im Suff sein Leben ruiniert, hat selbst vor Mord nicht zurückgeschreckt – mit den Augen unserer zivilisierten Wohlanständigkeit betrachtet, war er ein maß- und gewissenloser Unmensch. Aber ich kenne kaum eine Persönlichkeit der

Geschichte, die so innig verehrt und so abgrundtief verteufelt wird wie er. Seine Bedingungslosigkeit läßt nie kalt. Er ist in seinem Leben und Werk ein Mensch, der zur Positionsnahme zwingt, zu inniger Geistesverbundenheit oder Bannfluch. Villon kann man vieles vorwerfen, nur nicht, er habe sich verstellt, habe getrogen oder nicht zur Gänze entblößt.

Kann eine solche Anarchie der Gefühle ein Vorbild sein? Zunächst: ich halte nichts von Vorbildern. Wir leiden früher oder später als klägliche Imitatoren unter ihnen. Aber beschränken wir uns aufs dahintersteckende Prinzip. Wenn ich aus dem Bauch lasse, was ich empfinde, sage, was ich spüre und meine, mich zu meiner inneren Wahrheit durchringe, also authentisch reagiere, bewege ich mich von den Schlangenlinien der bescheidenen Kompromisse weg. Ich bin stimmig zu mir und polarisiere meine Umwelt in Für und Wider. Ich teile durch diese Verhaltensradikalität mit: »Geh mit mir um, wie du mich für dich empfindest!« Und erreiche, daß jede Maskerade sinnlos wird. Indem ich nichts verspreche als Gegenwart und Risiko, erreiche ich die Chance der Aufrichtigkeit beim andern. Oder: wenn ich mir das Hemd aufreiße und sage: »Stich zu!«, kann ich durchaus umkommen, aber ich zwinge zur moralischen Auseinandersetzung und verhindere, hinterrücks erstochen zu werden.

Um diese Stimmigkeit zu unserer Gefühlswelt zu bekommen, müssen wir allerdings die Furcht überwinden, auf Strafe (Ablehnung, Widerspruch, Rückzug von uns) zu stoßen. Das ist um so leichter, je deutlicher wir erkennen, daß wir uns durch Anbiederung und Vorsicht nur Scheinbarkeiten auf Abruf sichern können (»Wenn ich ihr nicht widerspreche, mich ihr füge, bleibt sie bei mir, ich muß mich ihr nur anpassen«), keine Öffnung, Leidenschaft oder Hingabe. Diese Furcht vor Zurückweisung zu überwinden ist dann möglich, wenn wir unsere entwicklungsbedingten psychischen Hürden und Barrieren schritt- und stufenweise abzubauen lernen.

Wie sich Masken verraten

Menschliche Kommunikation ist kein Einweggeschehen. Wir steuern sie, indem wir Vorgaben setzen, wir können aber auch ebensogut auf die Signale der andern reagieren. Wir leben im stetigen Wechsel als Sender und Empfänger von Botschaften und Signalen. Die Verständigung zwischen Partnern dürfen wir uns jedoch nicht als Austausch von gezielten Kugeln vorstellen. Eher als eine Abfolge von Schrotschüssen. Machen wir uns diesen Umstand zunutze, haben wir in beschränktem Maße die Chance, Masken situativ zu dechiffrieren. Einmal, indem wir sie bei genauem Hinfühlen in uns spüren können (Wie reagiere ich jetzt, warum zittern meine Finger? Warum zucken meine Lider? Warum bekomme ich Hunger oder Durst? Woher kommt plötzlich dieser Kloß im Hals? Was drückt auf meinen Magen? Warum schweifen meine Gedanken ab?), zudem, weil die Konzentration auf die Fassade das Gegenüber zu Übersprungshandlungen und Sicherheitsgesten verleitet. Unter Übersprungshandlungen versteht die Psychologie unbewußte, unbeabsichtigte und in der Selbstkontrolle des Senders nur unvollkommen wahrgenommene Verhaltensweisen. Der Körper sendet eben andersgerichtete Signale, als die verbale Kommunikation: hastiges Zurückweichen, Zucken der Augenlider, unkoordinierte Mund- oder Lippenbewegungen oder heftiges Räuspern, beispielsweise. Der Ursprung der Übersprungshandlung liegt in panischen Reaktionsmustern: die Situation überfordert, Geist und Physis laufen nicht mehr synchron. Kognitiv ist der Sender auf seine Absicht, das, was er erreichen möchte, gerichtet, aber die emotionale Verarbeitung streikt: gegenläufige Gefühle bringen den Einklang und die Eindeutigkeit der Botschaft durcheinander.

Ähnlich funktioniert die Verlegenheitsgeste. Sie zeigt, daß wir uns mit etwas beschäftigen, das wir aus der verbalen Kommunikation bewußt ausklammern. Die unbewußte

Geste jedoch verrät unsere eigentlichen Intentionen. Typische Beispiele: unmotiviertes Fingern nach der Nase oder den Ohrläppchen, das teilnahmelose Betasten des eigenen Brustbereichs, oft auch nur als versunkenes Streicheln, schließlich das Trommeln der Finger oder Hände auf den Oberschenkeln oder dem freien Oberarm.

Ein drittes Indiz der Selbstdemaskierung ist uns darüber hinaus altbekannt: der abschweifende oder durch uns hindurchgehende Blick – die Unfähigkeit, uns in die Augen zu schauen.

Im verbalen Bereich können wir dann die aufgetragene Maske mit einigem Recht ahnen, wenn jemand besonders schnell, hastig, betonungslos auf uns einredet, er seine Informationen möglichst rasch loswerden will und uns die Gelegenheit zu Kommentar, Stellungnahme und Widerspruch zu nehmen trachtet. All diese Anhaltspunkte für Chamäleoncharaktere können uns helfen, uns vor Verletzungen durch andere zu schützen. Aber eine Sicherheit kann und darf es – wie bereits ausgeführt – nicht geben. Sonst vegetieren wir unter der Käseglocke unserer Absicherungsmentalität dahin, in Watte verpackt, aber leblos. Wir können eben unser Leben nur erfassen, wenn wir es als Abenteuer zu begreifen bereit sind und erkennen, daß das Entscheidende darin liegt, daß unser Dasein spannend, überraschend und aufregend bleibt – entsprechend der Dramaturgie unserer Träume und Sehnsüchte. Zaudern und Zögern bringt uns nicht voran. Wenn wir von einer Insel zur nächsten wollen, weil wir uns für die neue entschieden haben, müssen wir unumgänglich durchs kalte Wasser und schwimmen...

Die Maskierung nach außen

Wenden wir uns nun dem aktiven Part unserer Kommunikation zu. Oder genauer gesagt: dem gestaltenden, denn aktiv sind wir als Empfänger von Nachrichten auch, zumindest nach Watzlawicks berühmten Satz: »Man kann nicht nicht kommunizieren!« In Deutschland und Mitteleuropa besonders häufig ist die Maskierung durch ›vornehme Zurückhaltung‹. Man präsentiert sich als ›Dame‹ oder ›Gentleman‹ – still, unaufdringlich, kaum präsent, ›pflegeleicht‹ und nur beredt, wenn aufgefordert, höflich, aber distanziert.

Dieses Ideal wurde seit der viktorianischen Epoche Abermillionen von Teenagerköpfen eingebleut, zumindest in der Mittelschicht, die sich etwas darauf zugute hielt, die unteren Schichten in Bildung und ›Anstand‹ zu übertreffen, und auch der – zumindest hinter vorgehaltener Hand erkennbaren – Dekadenz der Oberklasse nicht zu frönen. Das soziale Ziel dieser Benimmkasteiung lag auf der Hand: Ruhe, Ordnung, Disziplin und damit Verfügbarkeit im Beruf und für den Staat. Den psychischen Preis dafür zahlte der einzelne: mit Neurosen.

Zurück-halten ist die Basis der Neurose

Alexander Lowen zeigt in seiner Theorie und Arbeit auf, wie sich durch derartige Konventionsschemata Neurosen entwickeln. Der Mensch, der seine Strebungen und Regungen zurückhält, seine Wünsche nach Lust und den Ausdruck von Unlustgefühlen, bildet im Lauf der Entwicklung neurotische Symptome – die Energie äußert sich entstellt. Dies ist − so Lowen − auch äußerlich deutlich ab-zulesen: an dem Muskelpanzer, der sich durch die An-spannung des Zurück-haltens entwickelt. Lowens Bio-energetik weist auf, daß sich an konfliktbesetzten Körper-partien regelrechte Muskelberge bilden, die der neuroti-schen Blockade nicht nur entspringen, sondern auch entsprechen. Umgekehrt bedeuten auffallend schwach ent-wickelte Partien, etwa bei der Beinmuskulatur, daß dieser Mensch auch nur schwach oder halbherzig im Leben steht, keinen ausgeprägten Bezug zum ›Grund‹ hat. Das Lockern und Lösen der Muskelpanzer in der Körperarbeit − paral-lel zur Gesprächstherapie − bringt auch die Neurose all-mählich zum Abklingen.

Was folgt aus diesem Phänomen? Aus der ursprünglich vielleicht sinnvollen Beherrschung (aus dem Selbst kom-mend) wird zusehends Kontrolle durch ein wirkliches oder angenommenes, vorgestelltes oder assoziiertes Außen. Die Maskierung ist dabei der Versuch, einen Kompromiß ein-zugehen, indem der Kontrolle genügt wird, die Beherr-schung zur Schau getragen wird. Wir könnten diesen Vor-gang auch symbolische Unterwerfung nennen − in jedem Fall wird so unser Charakter deformiert. Denn (so Lowen): Charakter ist Widerstand, nicht Lauheit.

Charakter ist Widerstand

Wer genügen will, schließt damit aus, gut zu sein. Weil gut sein heißt: original sein − Ich sein. Unsere Überzeugungs-kraft wächst aus der Überzeugung von uns selbst und das setzt zweierlei voraus: über uns im klaren sein und von uns zeugen, Zeugnis ablegen. Im Chamäleonspiel wird dieser Prozeß doppelt unmöglich: die Maske zum Selbst verhin-dert die innere Klarheit und die Maskierung das Einstehen für unsere Person. Unser Dasein besteht aus einer Anein-anderreihung von Konflikten, meist ganz banaler Natur.

So kommt es vor, daß ein Freund oder eine Freundin uns bei einer Verabredung ›versetzt‹ oder erheblich zu spät kommt. Gehen wir davon aus, daß uns diese mangelhafte Rücksichtnahme auf unser Zeitbudget wütend macht — das dürfte zumindest die Regel sein. Wie reagieren wir? Übergehen wir den Vorfall mit einem Lächeln, weil der Freund ansonsten ein arg netter Kerl ist? Schweigen wir uns aus, bis wir zu einer Äußerung aufgefordert werden? Beschönigen wir unser Erleben, weil wir den Kontakt zu dieser Person besonders schätzen oder gar von ihm zu profitieren trachten? Oder brüllen wir los, sobald wir unsere Verabredung zu Gesicht bekommen? Schließlich könnten wir es auch heimzahlen, irgendwann in ferner Zukunft als ›Guthaben‹ präsentieren, wenn wir etwas verbockt haben. Wenn die Verabredung in einem Lokal ist, ›müssen‹ wir sie vielleicht auch erst einmal ›schlucken‹, um kein Aufsehen bei den anderen Gästen zu erregen.

Wir vergewaltigen unseren Charakter nur dann nicht, wenn wir unseren Gefühlen unmittelbar freien Lauf lassen. Natürlich hat der Freund oder die Freundin keine Standpauke oder Kopfwäsche verdient, da wir dabei nur abstruse moralische Autoritäten anführen, mit Konventionen argumentieren und ein Strafritual inszenieren, das wenig mit uns zu tun hat. Es geht auch nicht um Rache und genausowenig um eine posthume Bauchpinselung der Eitelkeit, sondern um die schlichte Wahrhaftigkeit unseres Erlebens, mit dem wir unser unsensibles Gegenüber konfrontieren müssen. Uns zuliebe, um Charakter, Selbstliebe zu zeigen, dem andern zuliebe, um ihm die Chance zur Reflexion und Auseinandersetzung zu geben und der Beziehung zuliebe, um sie authentisch und frei von noch so minimalen Verstellungen zu halten.

Natürlich bezieht sich Charakterfestigkeit auch und vor allem auf den übergreifenden, sozialen und ethischen Bereich und ist nicht in jedem Fall aufstiegs- und karrierefördernd. Obwohl auch das nicht gesagt ist, denn ich habe genügend ›Bosse‹ getroffen, die willfährige Jasager zum Kotzen fanden und Menschen protegierten, an denen sie sich reiben konnten, die ihnen Widerstand entgegenbrachten – aber darum soll es uns hier nicht gehen. Denn auch der passionierte Widerpart, der Nörgler und Besserwisser trägt eine handfeste Maskerade. Uns sollte es um die einzige Karriere gehen, die sich wirklich lohnt, auf die es ankommt, wenn wir irgendwann einmal mit unserem Leben abschließen: uns gefunden und vermittelt zu haben!

Scheinbare Begegnungen

Nichts tötet Kommunikation so perfekt und nachhaltig wie Scheinbarkeit. Begegnung ist da-sein ohne Skrupel und Schnörkel.

Warum trauen wir uns nicht, ein Du nach dem zu fragen, was uns wirklich interessiert? Warum sagen wir unserem Gegenüber nicht klar und eindeutig, was wir von ihm wollen und erwarten? Solange das nicht geschieht, bleibt jedes Aufeinandertreffen scheinbar. Am besten läßt sich dieser Situationsmord am sogenannten Flirt aufzeigen, der erotisch motivierten Kontaktaufnahme.

Einfallsloses Gefasel, wie: »Schönes Wetter heute, nicht!«, oder geltungsheischende Sprüche wie: »Kennen wir uns nicht aus New York?« gehören bedauerlicherweise nicht ausschließlich in die Klamottenkiste der Karikatur oder des Kabaretts. Der Flirt ist in unseren Gefilden ein langwieriges und verlogenes Herumdrücken um das, was eigentlich auf der Hand liegt, ein ermüdendes Vielleicht, das sich vor der Kernfrage ziert: Ist Sympathie und sexuelle Anziehung auf beiden Seiten vorhanden oder nicht? Sicher, ein wenig Koketterie und amouröse Verbrämung mag den Reiz der Sache noch erhöhen, aber es bleibt ein Getändel mit der Zeit, Energie und Frustrationsfähigkeit der Beteiligten. Ich meine damit nicht, daß solche Blöd-

und Derbheiten wie »Na, wie wär's mit uns?« oder gar rasante Grabschmanöver für Aufrichtigkeit sprechen – im Gegenteil, hier wird kräftig Männchen gemacht, aber auf der Ebene eines Flirts muß doch die Frage: »Was willst du von mir?« und »Wie siehst und erlebst du mich?« oder die Bemerkung: »Ich habe ein intensives Gefühl für dich und möchte ein Stück weit mit dir versuchen«, möglich und erwünscht sein – immer vorausgesetzt, die Ehrlichkeit der Reaktion (auch die ablehnende) wird akzeptiert und getragen. Dann mag der Flirt ein Rausch oder ein Reinfall, eine zerplatzte Hoffnung oder eine Erlösung sein, eins auf jeden Fall ist er nicht: verplemperte Zeit an der Oberfläche des Scheins. Möglicherweise werden die unterschwelligen Absichten des Flirters (etwa sexueller Kontakt) nicht befriedigt, aber es besteht die Chance einer anderen, eventuell darüber hinausreichenden Qualitätsdimension: die Klarheit und Offenheit kann zu ganz anderen Beziehungsstrukturen führen, die Nähe muß ja nicht unbedingt erotisch, sie kann auch freundschaftlich, beruflich oder philosophisch tragen.

Und was für Flirts gilt, gilt allgemein für jede Form der Begegnung – aus Identität und Intensität entsteht Kraft und Motivation für ein Miteinander.

Fassadenhandlungen

Wir haben an anderer Stelle schon von den sozialen Mechanismen der Stigmatisierung gesprochen. Auf der individualpsychologischen Ebene des Maskierens kommt dieser Aspekt des ›Labelns‹ (Etikettierens) als Vermeidungsverhalten zum Tragen.

Wir wissen um die Gefahr, einem Stigma zu unterliegen. Wir kennen die sozialen Strafen wie Ausschluß, Verachtung oder Ghettoisierung, denen Stigmaträger ausgesetzt sind. Also zeigen wir uns als un-stigmatisiert, wo immer uns das möglich erscheint. Es ist uns nicht möglich, wenn wir offensichtlich krank, inhaftiert oder in Asyle abgeschoben sind. Aber die Linien zum Stigma verlaufen ja nicht überall so trennscharf. Individuell bezogen, stigmatisieren wir jede Form von Außenseitertum, belächeln, bemitleiden oder verurteilen es. In unserer kleinkarierten Boutiquenmentalität grenzen wir auch Personen aus, die Angst, Trauer, Armut oder Einsamkeit zeigen. Damit ist das Netz, durch das wir unsere Mitmenschen fallen lassen, noch grobmaschiger geknüpft, ja sogar in perverser Manier, denn wir schieben Eigenschaften von uns, die jeden Menschen betreffen oder treffen können. Einsamkeit ist ein generelles Existenzproblem eines jeden, dem Belustigungen und Menschenansammlungen nicht darüber hinweghelfen. Trauer ist die Qualität, Liebe sichtbar machen zu können. Angst ist mit der Fähigkeit verbunden, wahrzunehmen, sensibel aufzunehmen und mit Aggressionen vorsichtig zu haushalten. Und Armut ist möglicherweise bewußte Enthaltsamkeit vom Konsumrummel und das Setzen anderer Wertigkeiten.

Was soll es also, wenn wir all diese scheinbaren Stigmen zu umschiffen versuchen? Was nützt es uns, unserer Einsicht und Entwicklungsfähigkeit? Wir polstern uns mit Fassadenhandlungen wohlfeil aus und kämpfen wie Don Quichotte gegen Windmühlen, die es gar nicht gibt.

Ein triviales Beispiel: Mehrmals täglich wird jeder von uns gefragt: »Wie geht es dir?« Setzen wir einmal voraus, die Frage ist aufrichtig gemeint, nicht das übliche Blabla und inhaltsleere Wortritual. Warum antworten wir dann jedesmal in der Litanei des ›Danke gut‹, oder ›Doch, ausgezeichnet‹, selbst wenn wir voller Trauer über den Verlust eines Nahestehenden sind, voller Verzweiflung über unser Alleinsein, oder in einer Angstkrise? Unsere Maskerade, die der Stigmenvermeidung dienen soll, hindert uns, tatsächliche Aufmerksamkeit zu erregen, Anteilnahme und eventuell Hilfe zu bekommen.

So schlittern wir freiwillig in die Teufelskreise der aufgepfropften Frohnaturen, retten unser Image anstelle unseres Ich. Fassadenhandlungen ersticken Kontakt und bringen uns die Einsamkeit, die wir zu umgehen versuchen.

Jetzt höre ich manche sagen: »Aber ich kann mich doch nicht einfach durchhängen lassen«, und: »Wenn ich mit einem verregneten Gesicht rumstolziere, strahle ich so viel Negatives aus, daß mich jeder meidet, oder wenigstens möglichst schnell loszuwerden versucht.«

Dabei ist es unvorstellbar, daß Menschen imstande sind, ihre Gemütslage körpersprachlich zu vertuschen. Das ist schlichtweg nicht möglich. Basta – damit müssen wir uns abfinden. Wir können retuschieren, glätten, aber nicht das Gegenteil unserer Selbstempfindung spielen, ohne unseren eigentlichen Zustand durchscheinen zu lassen. Und weiter: ist eine anonyme Masse so von Belang, es letztlich wert, die Glücksshow präsentiert zu bekommen?

Nur ein Argument erscheint mir auf den ersten Blick stichhaltig, nämlich, daß man Menschen, denen man zugeneigt ist, nicht mit subjektiven Problemen belasten möchte. Aber auch da ist es angebracht zu fragen: Ist die Transportbahn der Kenntnis und emotionalen Wahrnahme nicht viel zu breit und schnell, als daß die Übertünchungen lange taugen? Und ist die Ungewißheit, in die wir den anderen stellen, nicht unter Umständen tausendmal aufreibender, das Grübeln über unsere Unstimmigkeit belastender als die gerade Konfrontation mit unserer Krise?

So bleibt uns letztlich kein ersichtlich und psychologisch stichhaltiger Grund, Fassadenhandlungen zu tolerieren. Und wie wir sie anderen nicht zugestehen wollen, sollten auch wir uns ihrer enthalten, denn sie zehren an unserer Energie und machen es unnötig schwer, auf uns einzugehen. Hinzu kommt außerdem noch ein Dilemma: die ständige Angst, durchschaut zu werden.

Die Furcht, entlarvt zu werden

Die Furcht vor Entdeckung, vor dem Faserriß der Maske ist einmal eine reale: wie wir gesehen haben, verrät sich die Maskerade in der persönlichen Kommunikation durch kaum wahrnehmbare, subkutane ›Ströme‹, Übersprungshandlungen, Verlegenheitsgesten, abreißenden Blickkontakt und verbale Überaktion. Wenn wir uns also maskieren, müssen wir damit rechnen, von interessierten anderen (also hauptsächlich Menschen, die uns wirklich als Person annehmen, ernst- und wahr-nehmen) entlarvt zu werden. Die drohende Gefahr ist dabei die Störung oder gar der Abbruch des Kontakts. Aber dieses Kalkül ist uns relativ bewußt. Die Probleme des Verstellens und Überführtwerdens sind uns seit Kindertagen bekannt. Wir glauben, durch unsere Täuschungen schneller oder anders zu unserm Ziel zu kommen – und in unseren inneren Voraussetzungen erscheint uns das Ziel verlockender als die Nähe zum Gegenüber. Das ungestillte Bedürfnis, das durch Zielerreichung gesättigt werden kann, erlebt der Täuscher als gravierender als das lustvolle Potential des interaktiven Kontakts – er wägt ab und trifft seine Entscheidung. Ein Beispiel: Um einen Geschäftsabschluß zu erreichen, berufe ich mich auf einen gemeinsamen Bekannten, den ich nur flüchtig kenne, aber als langjährigen Busenfreund ausgebe, da ich weiß, daß mein Geschäftspartner diesem Bekannten Kompetenz und unternehmerisches Geschick zubilligt, und ich hoffe, mit der Personsymbolik dieses Mannes assoziiert zu werden. Dabei leitet mein Verhalten der Gedanke: wenn mein Betrug auffliegt, ist das Geschäft längst abgeschlossen oder in Vergessenheit geraten. Außerdem ist diese unwahre Bezugnahme meine einzige Chance, und diesen Geschäftspartner kann ich langfristig ohnehin nicht als Kunden gewinnen...

Wir sehen: Täuschungen sind immer Resultat von Negativ-Annahmen, Resignations-Szenarios oder Verkürzungen der Phantasie.

Aber dieser ›Realaspekt‹ der Furcht vor Demaskierung ist in unserem Zusammenhang der weniger bedeutsame. Hier sind die Risiken ersichtlich und bewußt. Wichtiger ist die Fragestellung: Was bewirkt die Angst* vor Entlarvung in uns (also ohne den aktuellen Kontext der akuten Entdeckungsgefahr − sozusagen im ›stillen Kämmerlein‹)?

Das latente oder halb-bewußte Wissen, auf Vorstellungen im zwischenmenschlichen Kontakt angewiesen zu sein, durchlöchert auf längere Sicht unsere Selbstwertmuster. Wer sind wir, daß wir nicht wagen können (wollen), uns als gültig zu vermitteln? Unter der Maskerade empfinden wir uns als Krüppel, die auf die Stütze des Scheins angewiesen sind. Wir begegnen uns als hilflos und abhängig. Es entsteht ein Suchtprozeß: die Maskierung raubt uns Selbstwert, den wir durch verstärkte Maskierungsbemühungen zu überdecken oder kompensieren versuchen, die Dosis der benötigten Droge erhöht sich stetig.

Ein derart Süchtiger ist Stefan: »Ich litt seit meiner Pubertät unter meinem Kleinsein. Mir fehlen einfach so mindestens zehn Zentimeter. Das wurde um so schlimmer, je mehr das Thema Mädchen auf den Tisch kam. Ich hab' mir ewig gedacht: ›Du Zwerg kommst da nie ran.‹ Ich hab' so einige lockere Freundschaften mit Mädchen gehabt, aber richtig angetörnt habe ich die nicht. Das war wohl eher Mitleid mit mir, oder so. Dann hab' ich's plötzlich aufgegeben. Ich hab' mir gedacht, so wird das nix. Und mir ist der Napoleon eingefallen. Der war auch winzig, aber mit seiner Eroberernummer sind natürlich alle auf ihn abgefahren. Haste was, biste was, so läuft's doch? Also hat Stefan geackert und schwer mit Aktien und tausend kleinen Geschäftchen rumgepokert − Kohle mußte ein-

---

* Ich verwende Angst als Begriff assoziativ-vorbewußter Reaktion, Furcht als kognitive Ebene der Auseinandersetzung mit Problemen oder Gefahren.

fach her. Aber das klappte nicht so richtig. Nur hab' ich allen immer schon mal auf Vorschuß den Big King vorgegaukelt, hab' Schampus springen lassen, mir 'nen tollen Wagen zugelegt — manchmal mußte ich drin pennen, weil ich keine Knete für'n Appartement hatte — aber das ging immer grad so. Und ich hab' fleißig weiter getrommelt, was da für tolle Deals laufen. Und so schön langsam kam auch die erste Bewunderung rüber und die Mädels schlichen sich an wie die Mohikaner. Aber das hat mir dann das Genick gebrochen. Ich bin durchgedreht, hab' total auf Graf Rotz gemacht und bin aus den Wechseln und Leasings gar nicht mehr rausgekommen, bis ich dastand in der Unterhose. Und da hab' ich mir dann überlegt: ›Stefan, du bist doch eigentlich 'ne arme Sau — du kannst noch so auf'n Putz haun, du kriegst ja doch nicht, was du willst. Und einer wie du, der das nötig hat, is' ja 'n totaler Versager, sich die Freunde und die Weiber zu kaufen.‹ Aber das war dann hart, weil ich hatte ja gar keine Orientierung mehr, auf welcher Schiene ich sonst fahren sollte.«

Die Distanzierung zum Ich läßt sich bei dieser Aussage schon daran deutlich ablesen, daß der Betroffene von sich in der dritten Person spricht. Er steht als Handelnder neben sich — die Inszenierung der Maskerade hat zur Fremdheit geführt. Es ist das gleiche Phänomen, das wir an früherer Stelle ausgiebig angesprochen haben: das Bedienen der Rolle zieht die Energie der Selbstverwirklichung ab. Ein Stefan kann sich in Momenten der Eigenreflexion nur noch als Summe seiner Maskierungssymbole (Auto, Kleidung, Uhr, Image etc.) erleben. Und dieses Prinzip gilt ausnahmslos für jede Maskerade, ist nicht auf materielle Rollensets beschränkt. Genauso spürt der Mensch in Märtyrerpose, daß nicht er als Charakter die angepeilten Belohnungen (Anerkennung, Wertschätzung, Aufmerksamkeit) erhält, sondern die Handlungspartner diese Reaktionen der Rolle bieten/darbringen. So entsteht die nächste psychische Falle:

Werde ich geliebt oder meine Maskerade?

Ich kenne eine Menge Leute, gerade im Bereich der Unterhaltungsindustrie, die diesen Beruf nicht aus Begeisterung oder gar Besessenheit von der Sache oder vom Metier gewählt haben, sondern weil sie glauben, auf diese Weise an die Liebe heranzukommen, die sie seit ihrer Kindheit entbehren.

Das funktioniert einmal direkt: Der Junge, der Kameramann, Regisseur, vielleicht auch Produktionsleiter werden will, um auf dieser Machtschiene Mädchen zu imponieren, spekuliert nach dem Motto: »Geld und Einfluß machen sexy.« Indirekt ist der Traum von einer Karriere als Popstar, Schauspielerin oder Model oft von dem Gedanken begleitet, sich so den Brennpunkt des erotischen Interesses zu sichern, sich als stummes Idol eines Publikums zu sehen, das ›einem zu Füßen liegt‹. In beiden Fällen ist die Tragik die gleiche: das Individuum ersetzt sich durch die Bedeutung der Funktion, nimmt entweder Macht oder die Bedeutung, die eine Bühnenrolle verleiht, zu Hilfe, um die Sehnsucht nach dem Geliebt-Werden zu stillen. Freilich geht die Rechnung nie auf, zumindest nicht, wenn wir Liebe als Synthese zweier Persönlichkeiten betrachten. Dann nämlich haben wir in einer solchen Konstellation:

- den Freier, gleich welchen Geschlechts, der für Sex und die Inszenierung einer Bewunderungsarie mit Geld, Verbindungen oder Macht entlohnt,
- und das käufliche Objekt, selbstverständlich auch beiderlei Geschlechts, das um die Ware ›mögliche Karriere‹ schachert,

beziehungsweise:

- den Narziß, der seine Selbstliebe nur als Spiegelung einer äußerlichen Hofierung entwickeln kann,
- und die zahllosen anonymen Spiegel, die sich haltlos an die Fiktion eines Idols klammern.

143

In diesen Strukturen kann es demnach eins nicht geben: Entwicklung, gegenseitiges Wachstum und wahrhafte Offenbarung. Die Interaktion bleibt taub und schal. Und: jeder der Beteiligten kann sich nur vermittels immensen autoerotischen Aufwands zur Illusion von Liebe zwingen. So wird Sex zum ›anstatt‹ und damit zur Sucht – das physische Symbol der Sehnsucht (die Darbietung des Körpers als Geschenk der Zuwendung) wird zur einzig erreichbaren Ersatzbelohnung, und Woody Allens zynischer Spruch aus dem Stadtneurotiker wird gültig: »Der Vorzug der Onanie ist, es ist Liebe mit jemand, der dich wirklich mag!«

Jeder, der nicht als Persönlichkeit, sondern als Maskenträger begehrt wird, weiß um die Ärmlichkeit des Geschehens, denn Liebe ist hör-, seh-, riech- und somit spürbar – sofern wir unseren Wahrnehmungen und Sinnen nicht abverlangen und abtrainieren, sinnlich zu sein.

Welche Art von Freiheit sichert die Maskerade?

Kulturgeschichtlich setzte die Kostümierung, die Larve, den Träger für einen bestimmten Zeitpunkt von Normen und Ritualen frei und erlaubte den Eintritt in eine weniger rigide Konvention – den Mummenschanz des Maskenballs oder Karnevals.

Aber welche Freiräume gestattet die Maskerade des Alltags? Sozialpsychologisch gestattet sie den Genuß der Privilegien, die den Positionsinhabern, die mit der Maskerade imitiert werden, zustehen: Bevorzugung im Respekt, die Zugehörigkeit zu einer geschätzten Klientel oder die Toleranz, die den Narren und Sektierern entgegengebracht wird.

Individualpsychologisch ist es zunächst die Möglichkeit, ein Ideal-Ich vorspiegeln zu können, das heißt, bestimmte Einengungen und Verkürzungen der erfahrenen Biografie gleichsam mit dem ursprünglichen Nimbus über Bord werfen zu können. Ich benutze die Maskierung des Softie, um endlich ungehemmt die Gefühle zeigen zu können, von denen ich glaube, sie mir sonst verweigern zu müssen; um endlich weinen zu dürfen, mich unsicher, schutzbedürftig zeigen zu können. Als Vamp kann ich Härte und Lust an Verletzungen zeigen, die mich im Gewand meiner anerzogenen Persönlichkeitsstruktur in ausweglose innere Widersprüche bringen würden. Die Maskierung baut mir eine oder mehrere Brücken über die Bruchstellen meiner Biografie. Ich kann so tun, als ob diese Bruchstellen nach meinen Wunschprojektionen ausgefüllt wären. Und kann in dieser Pseudonymität meine realen Traumata überspielen. Die Flexibilität des Pseudonyms sichert mir den Freiraum eines ›Es ist nicht geschehen‹.

Ich setze mich frei für die Schachzüge meines ›Was wäre wenn‹ — aber diese situativen Klimmzüge sind bloße Vagheiten, sind punktuelle Verdrängungen mit der Hypothek einer Wolkenfahrt. Freiheit bedeutet immer Entscheidung. Das Eröffnen aller Möglichkeiten ist Schweben im Raum ohne Anker und Ziel. Sich treiben lassen, fatalistisches Geplänkel mit dem eventuell Möglichen, ist Reaktionsbildung. Sich tausend Optionen offenzuhalten macht mich nicht frei, sondern handlungsunfähig. Wenn ich mich an einem Weg, der sich in vier Richtungen gabelt, nicht für einen entscheide, ist die Freiheit des ›Alles bleibt möglich‹ eine statische.

Insofern erreiche ich durch Maskierung auch lediglich Trägheit zu mir, meinen biografischen Brüchen und Schmerzen. Oder anders: die Symptomfreiheit, die mir die Maskerade bietet, ist keine Bewältigung der Krankheit. Die Wunden können nicht verheilen, Symptome können sich verschieben. Und dauerhaft manifestiert sich die Maskierung in der Maske zum Selbst, im Rückzug auf Lebenslügen.

Die Maske zu mir

Alles beginnt mit der Erfahrung von Leid, dem wir uns verweigern. Wir sehen dieses Leid nicht als Chance, als Aufgabe der Reifung, als Möglichkeit der Lebensgestaltung. Leid wird uns zum Mißklang — es verhindert prompte Bedürfnisbefriedigung, verlangt Triebaufschub oder Sublimierung. Wir möchten das Leid abstellen, ausschalten wie ein Radio, das zu laut plärrt. Wir finden Mechanismen, uns dem Leid zu entziehen: Alkohol, Medikamente, Zeitvertreibe oder Aggressionsabfuhr auf dritte.

Wir versuchen etwas herzustellen, das wir für Harmonie halten, möchten möglichst rasch wieder ›in die Waage‹ kommen. Das ist die Automatik, die ich an anderer Stelle mit dem Wort ›Zufriedenheit‹ gekennzeichnet habe. Ich möchte mich der Störungen entledigen, möchte in meinen Rhythmus zurück, in den mütterlichen Uterus des ›Dahinwartens‹. Ein Leben zu gestalten, es auf sich zu nehmen, ist allemal schwieriger, anstrengender, als es einfach dahinzuleben.

Aber Glück können wir eben nur erreichen, wenn wir auf die ›Gerade-mal-eben-so-Befriedigung‹ verzichten, hungrig bleiben und uns den Luxus der Besessenheit von unseren Sehnsüchten leisten. Der schmale Grat zum Glück führt — wie an anderer Stelle schon angedeutet — stets über Wüsten, Durststrecken und innere Höllen. Wer's bequemer und bescheidener mag, darf sich in der synthetischen Luft einer sedierten Zufriedenheit suhlen.

Unsere Grundhaltung ist jedoch meist die, daß wir einerseits den schmerzhaften Preis für unser Lebensglück nicht entrichten wollen, aber gleichzeitig vor uns hin nörgeln: »Eigentlich bin ich... werde ich... hätte ich verdient.« Es ist die Anspruchshaltung des verzärtelten und verschreckten Kindes, das sparsam bekommt und hofft, durch Nörgeln mehr zu erreichen.

So wie wir gespalten sind, so gabeln sich unsere Vorstellungen von unserem Leben: in die Ziele, die wir uns als Persönlichkeit zutrauen, und in die Ziele, die wir unserer Maske zuträumen. Und damit gewinnt die Maske eine Eigendynamik, die uns schadet – wir jagen den Zielen und Verlockungen der Maske nach und lassen unsere Realität auf der Strecke. Die Erfolge der Maske können wir uns nicht anrechnen, aber wir brauchen sie immer mehr, da unsere Eigentlichkeit keine Erfolge hat – wie könnte sie auch, wenn wir sie nicht formulieren und nicht mit der Wirklichkeit konfrontieren. Die Lebenslüge ist zu unserer zwanghaften Wahrheit geworden.

Das erste, was unter dieser Last zerbricht, ist unser Körper.

Das Ego will Macht, der Körper Lust

Bioenergetisch strebt unser Ich, unsere realbezogene Vernunft nach Macht, Sicherheit, Gewißheit, Dauer. Macht heißt, ich sichere mir die Verfügbarkeit all der Belohnungen, die ich haben möchte. Und ich kann mit diesen Belohnungen wie ein Kaufmann umgehen: ich kann mehrere kleine gegen eine größere eintauschen, ich kann sparen oder spekulieren. Ich kann mir eine Belohnung verweigern (Schlaf beispielsweise), um sie damit gleichzeitig anderen zu entziehen (meinem Partner), weil mir der Genuß der Beherrschung wichtiger ist als meine Regeneration.

Unser Körper ist direkter. Er nimmt Energie auf (durch Nahrung, Ruhe oder Sauerstoff etwa) und führt überschüssige Energie (hauptsächlich durch Bewegung) ab. Dazu braucht er aber die Möglichkeit; unser Körper muß sich ›äußern‹ können. Und dabei engt die Maske ein, sie zwängt ihn in ein gestisches und mimisches Korsett, hemmt die Impulse, die wir zur Abfuhr unserer Energie brauchen (etwa durch das Strampeln der Beine, das Ausgreifen der Arme). Unser Bewegungsfluß wird unrund, abgehackt, Energie wird nur stückweise herausgelassen — wir verkrampfen uns (und zwängen die nicht abführbare Energie in unser Muskelkorsett).

Am deutlichsten ist diese energetische Blockade im Kern unserer Lebensäußerung, einem Zentrum der Energieabfuhr abzulesen: beim Orgasmus.

In letzter Konsequenz wird ersichtlich: die Maske macht impotent (orgasmusunfähig). Dazu müssen wir allerdings wissen, daß die orgiastische Reaktion ein Reflex des ganzen Körpers ist, eine Welle, die sich von der Bauchregion aus über den ganzen Leib breitet. Voraussetzung dafür ist die Fähigkeit, sämtliche benötigten Muskelpartien lockern zu können. Einen derartigen ›echten‹ Orgasmus erkennt man daran, daß sich energetische Wellen als Wärmeflüsse über den Körper ergießen, bis hinein in die Extremitäten und die Kopfregion. Hinzu kommen selbstverständlich die Gefühlsassoziationen und Phantasien von zeitweisem Wegtauchen, Ausströmen und Allmacht. Nicht umsonst war für zahlreiche Frühkulturen der Geschlechtsakt ein ›Weg zu Gott‹, weshalb wir auch heutzutage Erscheinungen wie die Tempelprostitution* völlig mißverstehen.

Der Orgasmus beim Mann und der Frau ist also wesentlich mehr als der sexuelle Höhepunkt, den die verbalen Vorturner der sogenannten sexuellen Revolution verkauften. Er ist keinesfalls gleichzusetzen mit der Ejakulation oder klitoralen und vaginalen Kontraktionen. Der Orgasmus ist — auch wenn das pathetische Bild befremdend klingt — die Loslösung aus der Zeit und die Überwindung der Endlichkeit für einen Moment der Absolutheit. Und er

---

* Durch den (rituellen) Koitus am geheiligten Ort wird eine Symbiose mit dem Jenseits angestrebt.

dient dabei der Physis als Regulativ des energetischen Haushalts — die Fähigkeit zur Entspannung, zum ›Loslassen‹ vorausgesetzt.

Aber wie kann diese Abfuhr — oder diese letztlich menschlich-kosmische Verschmelzung — durch die Maske dringen? Biologisch ist das unmöglich durch die verknoteten Muskelstränge — beispielsweise den verspannten Bauch, der sich bei vielen Menschen schon in der Unfähigkeit zu fließender Atmung äußert. (Wir atmen allgemein zu flach und auf das Zwerchfell orientiert.) Und psychologisch wird der Orgasmus unmöglich durch die Selbstkontrolle, die die Maske abverlangt.

Deshalb stehen so viele von uns auch im Geschlechtsakt ›neben sich‹, vermögen nicht, sich zu geben, sondern bloß Leistung. Etwa der Macho, der vor den äußerlichen Kennzeichen des Orgasmus seiner Partnerin auf der Lauer liegt wie der Fuchs vor dem Kaninchenbau. Oder der ›Harmlose‹, der sein infantil-einfältiges Sandkastenspiel ins Bett mitbringt. Genauso die ›Mama‹, die in klinischer Reinheit aufs ›Fertigwerden‹ des Männleins an ihrer Brust schielt — wie soll durch diese Masken Sinnlichkeit dringen?

So bringt unsere Lebenslüge unseren Körper systematisch um die Möglichkeit der Lust, die mit jeder energetischen Abfuhr verbunden ist. Wir lassen unsere Beine nicht laufen oder springen, sondern ›zeigen, daß wir im Sport was drauf haben‹. Wir genießen nicht, wie unser Atem uns füllt, wenn wir durch einen Wald spazieren, sondern wir glänzen dabei vor unseren Kindern durch Allwissenheit oder Abfragen der Schulaufgaben im Naturkundeunterricht.

Und in dem Maß, wie wir unseren Körper um seine Lust betrügen, präsentiert er uns seine Verletzungen und Verätzungen als neurotische Symptome oder psychosomatische Beschwerden.

Adorno hat einmal gesagt, es gäbe kein richtiges Leben im falschen. Das ist nicht nur logische Richtigkeit, sondern

149

psychologische Wahrheit – auf die wir gestoßen werden, solange wir den lächerlichen Machtritualen unseres Intellekts vertrauen und uns der Wehmut unserer Körper verschließen. Nun wird möglicherweise manch ein Leser denken: »Gut, daß an der Maske nur Falsches ist, sehe ich ein. Aber was ist für mich richtig?« Nun, diese Frage kann nur jeder sich selbst beantworten, aber soviel steht zunächst fest: es ist schon richtig, nichts falsch zu machen!

Die Maske als Ersatzkontakt

Das bekannte amerikanische Theaterstück ›Mein Freund Harvey‹ erzählt die Geschichte eines Mannes, der mit der schizophrenen Vorstellung lebt, ein mannsgroßer rosa Hase sei sein Freund und ständiger Begleiter. Das Stück galt vor einigen Jahren als sicherer Lacherfolg, es wurde gefeiert als ungemein gewitzte, temporeiche Komödie.

Nur: diesen Harvey schleppen die meisten von uns mit sich herum. Nicht so ausgeprägt und offensichtlich, auch nicht mit der Inbrunst des wirklich Schizophrenen – aber die Maske ist manchem von uns längst der beste Freund geworden.

Bei Jugendlichen, die eben noch ihre Maske zurechtfummeln, läßt sich dieser Vorgang gut betrachten. Teenager stehen oft stundenlang vor dem Spiegel und unterhalten sich mit der Figur, die sie mimen. Sie sprechen ihr Spiegelbild, dem sie die Züge ihres Idol-Ichs verliehen haben, regelrecht an. »Und jetzt mit der Kippe finde ich schon, daß du ein verdammt starker Typ bist. Dieses Kinn ist schon toll, diese Wucht, die da drin steckt...«, oder die kleine Disco-Queen, die in den Toiletten-Spiegel japst: »Oh, meine Geliebte, schenk mir nur den Hauch deiner Lippen, laß dich entführen...«, und sich als Patrick Swayzes Partnerin fühlt, anstatt die Jungs zu beachten, die sie in den Schuppen begleitet haben. Die Maske wird zum Ansprechpartner, zum großen Bruder, zum Beichtvater und Geheimnisträger – wie Woody Allens Sam in ›Mach's noch einmal, Sam‹, wo der schwächliche Tölpel Woody seine Liebschaften, Eroberungen und Tiefschläge mit einem Humphrey-Bogart-Double abstimmt.

Die Maske übernimmt den Part realer Korrektive. Wir drehen uns fleißig um uns selbst – und damit's nicht so eintönig wird, legen wir uns ein paar Pseudonyme parat, schon können wir uns Dialogfähigkeit vorgaukeln. Dabei sind wir stumm, einsam und einfältig wie nie, denn die Dialoge siedeln im Nirgendwo unserer Apathie.

Anhand der Maske geben wir lediglich unserem Narzißmus neue Facetten, wir malen uns wie ein Dorian Gray Bildnisse unseres ersehnten Prototyps – und hangeln uns an ihnen entlang, bis wir vor dem Desaster unseres wirklichen Abbilds zu Tode erschrecken. Der Ersatzkontakt unserer Maske ist seelische Masturbation – beziehungslos, fremd und voller heimlicher Scham, die sich letztlich darin ausdrückt, daß wir uns fragen müssen: »Kann ich dieser Summe von Lügen überhaupt noch vertrauen?« Oder andersherum: »Wie kann ich mich lieben, wenn ich weiß, daß ich lüge?«

Die Gestalt der Lüge

Innerhalb unserer Biografie entwickeln wir neben Wertmustern auch diese Werte illustrierende Assoziationen, ganz persönliche Bilder für solche eher abstrakten Werte. Wir belegen unsere Überzeugungen mit symbolischen Gestalten – eine Erscheinung, die seit Anbeginn der Menschheit praktiziert wird, denken wir nur an die Verkörperungen der Dämonen und Götter in den Mythen und Sagen des Hellenismus oder mitteleuropäischer Kulturen, an die Dschins des Morgenlands oder die Figur des Teufels im Christentum.

Um uns etwas besser und deutlicher vorstellen zu können, geben wir diesem ›Etwas‹, falls wir es nicht in der Natur antreffen können, ein Gesicht oder eine Gestalt. So statten wir auch die Masken in uns mit einer Gestalt aus, wir verleihen unseren Lebenslügen Züge einer Figur, Farben und Verhaltensweisen. Diese Gestalt unserer Maske ist gebrochen wie ihr Ursprung; ein Teil dieser Gestalt hat fast magischen, glänzenden Charakter, sieht aus wie der große Meister, der uns beschützt: freundlich, lebenslustig, vertrauenerweckend, wie auch immer. Dieser Teil ist gewöhnlich hell und duftig, unbeschwert und verlockend. Weil wir jedoch gelernt haben, daß jeder Lüge etwas Dunkles, Abgründiges anhaftet, jede Maske janusköpfig ist – dafür hat schon unsere Erziehung und Sozialisation gesorgt –, assoziieren wir auch finstere, dunkle Schatten mit unserer Maske. Es ist ein bißchen das Dr.-Jekyll-und-Mr.-Hyde-Trauma, mit dem wir die Gestalt unserer Maske versehen. Und so flößt sie uns in der Tiefe unseres Unbewußten Angst ein – der Maskenträger fühlt ein stetes Unbehagen in sich, das ihn kaum merklich bedrückt. Diese innere Gestalt überträgt sich assoziativ auch auf unseren Körper: wir ducken uns, sind ›auf dem Sprung‹ oder fühlen in Phasen der Konfrontation mit unserem Selbst – etwa in Einschlafphasen oder Tagträumen – Kontraktionen in den inneren Organen; schließlich äußert sich diese Gestalt der Lüge auch in Atemstörungen oder Atemnot.

Diese innere Gestalt unseres Vorbewußtseins entspricht der Systematik der Lüge allgemein: sie zieht Aspekte unseres Selbstbildes auf sich und preßt sie wie durch einen Trichter auf die Folie der Maske – von dort, versetzt mit den Assoziationen und Schuldkomplexen der Lüge, zurück auf unser Eigenerleben.

Dieses Trichterhafte der Lüge funktioniert wie der Wirkmechanismus einer Kettenreaktion oder einer Lawine. Ich kann eine Lüge nicht ungeschehen machen, sie zieht unendlich viele Ausflüchte und Verstellungen nach sich. Ein Stein reißt den nächsten mit sich, das Geröll der Lebenslüge rieselt durch die Schleusen unseres Handelns, Denkens und Fühlens.

Nehmen wir das Beispiel eines Homosexuellen, der sich seiner Neigung nicht öffentlich zu stellen wagt. Der heute 38jährige Richard schildert die Zwangsläufigkeit der Entwicklung zur Lebenslüge so: »Es begann alles ganz harmlos. Mit siebzehn habe ich zum ersten Mal Kontakt zu einem Mann gehabt. Ich habe es genossen. Aber zu wem hätte ich darüber sprechen sollen? Mein Vater hätte mich rausgeschmissen, für meine Mutter war ich ein Engel. Das Verhältnis zu meinem Bruder war miserabel, er war der große Zampano, der mir immer vor Augen gehalten wurde. Mit meiner Schwester, die ungefähr gleich alt ist, habe ich mal einen Ansatz versucht. Aber ich bin drin steckengeblieben. Naja, und die Freunde in der Schule – ich wußte ja, was die von Schwuchteln hielten. Und seit diesem Zeitpunkt rutschte ich immer tiefer rein. Beim nächsten Treffen mit meinem Freund haben wir uns vorsichtshalber in einem Stundenhotel eingemietet. Ich kam mir vor wie ein Geheimagent. Und zu Hause meinte ich, daß mir jeder an der Nasenspitze ansah, was ich trieb. Ich legte mir eine regelrechte Legende zu, was ich in den Stunden mit Fred statt dessen machte. Aber daraus entwickelten sich wieder andere Verpflichtungen und Ungereimtheiten. Wenn ich also sagte, ich treffe heut' abend die Monika, mußte ich der Monika eine Geschichte erzählen, warum ich sie als Adresse brauchte. Das mußte natürlich auch wieder eine Lüge sein. Ich hab' ihr dann etwa gesagt, ich träfe mich mit einem Mädchen, das sei eine Negerin, oder so. Aber dann wollten plötzlich irgendwelche Freunde meine heimliche Braut sehen und ich mußte mir tatsächlich ein dunkelhäutiges Girl suchen, mit dem ich mich mal zeigte. Ich ruderte nur noch in Terminen rum und war völlig verspannt die ganze Zeit. Das ging über Jahre so, auch nach Fred bei meinen nächsten Lovern. Ich hab' mir schließlich verschiedene Versionen von Tagebüchern zugelegt, richtig schriftlich — in einem war mein Leben für die Family drin, im andern für meine Freundin X, eins für meinen Lover, dem ich auch nicht sagen konnte, daß ich ihn verheimliche, weil da war dann einer, der wollte es schon ein bißchen mehr offiziell und deutlicher haben. Das war überhaupt so eine Sache: ich wollte mich immer nur heimlich mit dem treffen, aber das war so ein bewußter und politischer Schwuler und ich stand unheimlich auf ihn und hab' ihm natürlich wer-weiß-was erzählt, wie ich hinter meiner Veranlagung stehe und dafür fighte. Nur war ich schon so in allen Klemmen, daß meine ganze Existenz zusammengeklappt wäre, wenn ich irgendwo was rausgelassen hätte. Ich hab' mir nur noch auf die Lippen gebissen und mich innerlich richtiggehend verachtet. Aber es gab kein Zurück mehr — vor meinen Eltern nicht, meinen stinknormalen Freunden, den Mädels, denen ich immer einen auf schüchtern erzählte, meinen Lovern und den Jungs in der Szene, die mich für einen coolen Jungen hielten... ich war da ganz allein mit mir. Schließlich hab' ich ja sogar noch die Babsi geheiratet, die weiß auch bis heute nichts, und ich bin da immer noch in dem Dilemma, weil für die würde eine Welt zusammenbrechen, nicht so sehr vielleicht, daß ich auf Männer steh', sondern daß sie sich ausgenutzt vorkäme...«

Richard wirkt im Gespräch nicht nur leblos, er ist es auch vor sich. Er erlebt sich versteinert, ausgestellt, hingehangen — er hängt, sagt er, am Tropf steter Organisation seiner Lebenslüge.

Aber der Augenblick kommt mit absoluter Gewißheit, wo diese Lüge aufbricht, wo der einzelne, verlassen von den Trugbildern seiner Verfahrenheit, laut aufschreit und fast zerspringt. Ein drastisches Beispiel für einen Menschen, der sich in einem Gespinst aus Lebenslügen verliert und unmittelbar vor dem Exitus verzweifelt aufschreit, ist der russische Autor und Dramatiker Anton Tschechow. Er war ein Großmeister der Camouflage wider besseren Wissens — stets kühl, analytisch und distanziert, studierte er Medizin und versuchte sich eine gutgehende Praxis zuzulegen. Schon früh wurde sein ungewöhnliches literarisches Talent, die Präzision seiner Figurenkonstruktion und die exakte Kargheit seiner Stoffe gewürdigt — aber er wagte es nicht, sich als Literat zu sehen. Tschechow wollte um jeden Preis den Arzt leben: in Berechenbarkeit und ersichtlichem Wohlstand, angeblich um seine verarmte Familie sicherzustellen. Auch seine Anekdoten und Geschichten würdigte er zu reinen ›Brotarbeiten‹ herab, die er ausschließlich für das Zeilenhonorar verfaßte. Wiewohl er als Autor zusehends reüssierte — sich selbst sprach er diesen Status nie so recht zu. In seinem Dasein türmte er eine Ausflucht auf die nächste: er quälte sich zu seiner ärztlichen Rolle, ohne ihr in Wahrheit noch etwas abgewinnen zu können. Er verbarrikadierte sich hinter Pflichten und Verantwortungen, die er längst erfüllt hatte. Er entzog sich den Frauen, die seinen Weg kreuzten, flüchtete sich in leere Versprechungen und angedeutete Geheimnisse. Als er an Tuberkulose erkrankte, versteckte er die Krankheit nicht allein vor seiner Umgebung, sondern auch mit aberwitzigen medizinischen Ausreden vor dem eigenen Bewußtsein — bis er, bereits vom Tode gezeichnet, das Scheitern seiner Existenz eingestehen mußte. Er saß als Todgeweihter isoliert auf der Krim, war endlich eine Ehe mit einer Frau eingegangen, die ihm die Pistole auf die Brust gesetzt hatte, als er in sich überschlagenden Briefen dieser Frau seine Wahrheit herausschrie: daß auch er ein Wesen von nur menschlichem Format war und in all seinen Fluchtbewegungen doch nur eins wirklich gewollt hatte — die Liebe eines Menschen, Kinder, in denen sein absterbender Körper ein Stück weit fortbestand. All seine Schroffheit, Unzugänglichkeit und panische Geheimnistuerei war nur selbstauferlegter Zwang zu mißverstandenem Altruismus und die Furcht, beim Spiel mit dem Feuer der Leidenschaft seine Animalität durchbrechen zu sehen. Tschechow hat seine Camouflage mit einem frühen Tod und lebenslänglicher Triebverstümmelung bezahlt – das Rinnsal der Lüge wurde zum Strom, der ihn fortriß.

An ihm und seiner Fixierung auf den Arztberuf können wir auch ein letztes Merkmal der Unterwerfung unter die Maske ablesen: die drängende Notwendigkeit fortwährender Selbstbestätigung.

Der Verlust der Selbstgewahrheit

Mein Freund Andreas fuhr mir kürzlich über den Mund und meinte: »Was du da in diesem Buch schreibst, ist doch alles Quatsch. Ich sehe das Ganze so: jeder spielt seine Show und wer eine besonders gute Nummer spielt, ist fein raus. Es kommt nur drauf an, daß du fit bist auf der Nummer. Dann kriegst du doch genau das, was du willst. Also, ich zum Beispiel. Ich hab' nun mal die Macke, daß ich immer im Mittelpunkt stehen muß. Schon als Kind hab' ich gemerkt, daß alle Leute unheimlich gern lachen. Und ich hab' den Clown gemacht, war immer drauf oder sogar drüber und hab' genau das erreicht, was ich wollte und brauche. Also, was soll das? Ist doch egal, wie einer dahin kommt, wo er hinmöchte.«

Ich habe Andreas oft genug beobachtet. Er setzt seine Tempo-Chaoten-Visage auf, läßt die Kodderschnauze los wie ein Maschinengewehr, und alles dreht sich um ihn – glaubt er. Denn er fällt gar nicht ins Gewicht. Ob das nun Andreas oder ein Heinrich oder eine Christine ist, auf deren Kosten sich das verehrte Publikum amüsiert, ist gleichgültig – nicht Andreas erregt Aufmerksamkeit, sondern einzig die Maskerade, die er zeigt. Andreas bekommt vielleicht ständig Selbstbestätigung – auch da bin ich mir nicht so sicher, sonst wäre er nicht dauernd auf Kokain –, aber diese Chips der Genugtuung, diese Fleißkärtchen für gefälliges Betragen sind in ihrer Zusammensicht kein Ersatz für Selbstsicherheit. Selbstbestätigung, das heißt, wenn ich für eine Äußerung meiner Maske die gewünschte Reaktion erhalte, ist letztlich das Gegenteil von Sicherheit oder Gewißheit an meinem Selbst. Denn das Selbst, mein ängstlich verborgenes ›Eigentlich‹-Geheimnis, erzielt keinerlei Resultate — außer der Verachtung, durch die Maske ersetzt zu werden. Und jeder Pluspunkt, den die Lebenslüge in ihren Aktionen einstreicht, ist ein Tiefschlag gegen meine Authentizität.

Identität, also das Bewußtsein des ›So und nicht anders bin und gebe ich mich‹, wird in der Pirsch auf die Bestätigung meines entliehenen Masken-Selbst systematisch ausgetrocknet. Ich als Charakter, als Person, bleibe im wahrsten Sinne des Wortes unreif.

Die Überwindung der Furcht vor Bestrafung, die den Aktionen meines biografischen Selbst innewohnt, hat das Heroische der Haltung passiven Widerstands: ich bedanke mich quasi für jeden Stoß, Tritt oder jedes Kopfschütteln, denn ich kann und darf daran lernen. Und zwar das Kostbarste, was ich jemals erlernen kann: mich zu entdecken, zu begreifen, zu verstehen und deshalb zu lieben.

Selbstsicherheit ist das Resultat unserer Expeditionen in die brüchige und gelegentlich garstige Sphäre unserer Traumata und Frustrationen — Expeditionen des Erinnerns, Ausgrabens, Überwindens und Neugestaltens. Darin wohnt der energetische Sog unserer Identität, die wir in dem Maße zu Tage fördern, wie wir uns unserer Masken und Maskierungen entledigen.

Masken verlieren

Wir haben gesehen, wie wenig uns Maskierungen und Masken bei der Bewältigung unserer Tages- und Lebensaufgaben zu nützen vermögen, wie sie dagegen zusehends unseren Charakter, unsere Persönlichkeit aushöhlen und zerstören.

Deshalb wollen wir uns abschließend erfolgversprechenden Strategien zuwenden, die Maske abzustreifen und Maskierungen unnötig zu machen. Ein möglicher Weg hierzu ist natürlich, sich in einen therapeutischen Prozeß zu begeben. Für diese Entscheidung kann und will dieses Buch freilich kein Ersatz sein. Ich möchte hier auch nicht mit quasi-therapeutischen Kochrezepten hantieren, die niemand weiterbringen. Es gibt allerdings die Möglichkeit, sein Verhalten selbstkontrolliert zu ändern und in eine Richtung zu optimieren, die uns sinn- und reizvoll erscheint. Eine solche Technik der Verhaltensänderung kann sich an die Verfahren der Verhaltenstherapie anlehnen, die sich als eine Art selbstgesteuerte Lerntaxonomie bewährt hat, da sie relativ leicht zu vermitteln, im Alltag einzusetzen und nicht zwingend auf den therapeutischen Dialog angewiesen ist. Das ist freilich keine Option meinerseits für diesen psychologischen Ansatz als ›Königsweg‹ der Therapie — dazu ist sie mir zu instrumentell, zu mechanistisch und bekanntermaßen stets der Gefahr von Symptomverschiebungen ausgesetzt.

Aber für unseren Verwendungszusammenhang möchte ich Sie doch ermuntern, sich pragmatisch mit den Techniken des Maskenabbaus auseinanderzusetzen, das heißt: Ihre bisherige Lebensgeschichte auf negative Erfahrungen zu überprüfen, die aus Maskierungen resultierten, daraus individuelle Ziele für Ihre persönliche Maskenlosigkeit zu formulieren und die vorgestellten Schritte, die Maske durch andere Verhaltensstrategien zu ersetzen, für Ihren Lebenszusammenhang zu überdenken.

Das Ziel: Identität

Ohne in Definierwut auszuarten, sollten wir uns das Wort ›Identität‹ einmal genauer ansehen. Übersetzt oder umschrieben meint es: bei sich sein, für sich stehen, Eigengewichtigkeit und Unverwechselbarkeit besitzen. Diese Betrachtung hat den Vorzug, daß wir auf eine Menge Begriffe stoßen, die Eigenschaften bezeichnen, die ›irgendwie‹ mit Identität zusammenzuhängen scheinen. Klopfen wir nun diese daraufhin ab, wo sie sich mit Identität decken (oder nicht), haben wir unser Ziel präzise im Visier, vermeiden Sackgassen und Irrwege.

Eitelkeit und Stolz

Wenn wir unter Eitelkeit die Selbstbespiegelung unter Maßgabe einer idolisierenden Selbstwahrnahme verstehen, ist sie alles andere als ein Schritt auf unser Ziel zu. Der Eitle ist auf Wirkung, nicht auf Sein bedacht. Er ist außengesteuert. Das bedeutet aber nicht, daß es das Günstigste ist, sich um alle Trends und Moden dieser Welt nicht zu scheren, sich den Normen vom gepflegten Erscheinungsbild und schickem Auftreten zu entziehen. Das kann im Einzelfall richtig sein, ist aber beileibe kein Muß. Wenn es Ihnen wirklich Freude bereitet, Sie in Ihrem Erleben und Bewußtsein bereichert, können Sie auch den letzten Pfennig in Haute Couture investieren und sich eine halbe Farbpalette ins Gesicht schmieren. Entscheidend ist, daß Sie alles, was Sie sich antun, nicht aus einer Vermutung über das Außen, Ihre Umgebung tun. Es ist also nicht verboten, sich für festliche Gelegenheiten ›aufzubrezeln‹. Aber bitte nicht, weil es ›sich so gehört‹, man (!) das ›von Ihnen erwartet‹. Nehmen Sie solche Unterstellungen ab sofort nicht mehr als Richtschnur Ihrer Entscheidungen, denn das ist eitel, und wie wir gesehen haben, ist Eitelkeit ein Hemmschuh für Ihre Identitätsentwicklung. Machen Sie sich dann ›fein‹, wenn Ihnen danach ist. Wenn Ihnen danach ist, weil die Sonne an einem Wintertag durchkommt, im Smoking oder Abendkleid auf den Wochenmarkt zu gehen – probieren Sie aus, wie Sie sich dabei erleben, haben Sie Mut zum Experiment. Und wenn Sie zur Weihnachtsfeier Ihrer Firma im Gammellook kommen möchten, weil es Ihnen ›stinkt‹, sich den Erwartungen der Firma zu beugen – fürchten Sie keine Anspielungen und nehmen Sie keine Rücksicht auf Tratsch, sondern leben Sie Ihre momentane Stimmung aus.

Entscheiden Sie allein aus der Erkenntnis Ihrer Einzigkeit. Für unsere Identität zählt kein schön oder häßlich, nur, zur Gänze so zu sein, wie wir sind. Daß dies auch die Menschen beeindruckt, die mit uns umgehen, zeigt ein Ausspruch des französischen Autors und Regisseurs Serge Gainsbourg, der einmal sinngemäß gesagt hat: »Ich war immer häßlich und habe es zu vertuschen versucht, um den Menschen sympathisch zu erscheinen. Aber speziell die Frauen haben mich gemieden. Erst als ich mir mit dreißig sagte – wenn du schon häßlich bist, versuch wenigstens, der häßlichste Mann der Welt zu sein, änderte sich alles schlagartig.«

Versuchen Sie, jeden Schritt so zu planen, daß Sie stolz auf sich sein dürfen. Damit meine ich aber gerade nicht einen Stolz der Etikette oder eines sozialen Reglements. Wenn Sie sich gefunden haben, brauchen Sie Ihren Stolz nicht mehr äußerlich zu beweisen. Lächeln Sie über die Kraftproben, die für Sie inszeniert werden, springen Sie auf die Auslöserreize der Provokation nicht mehr an – üben Sie die Gelassenheit eines Menschen, der ›über den Dingen‹ steht. Ein bißchen Stoizismus schadet nicht. Aber bedenken Sie immer, daß der innere Stolz – nicht der der Pose – aus permanenter Selbstkritik herrührt und sich nicht im Augenblick erschöpft. Das ist wichtig, denn der Stolz der Identität ist die Kunst, zu wissen, wohin man letztlich will. Hahnenkämpfe sollten Sie als ermüdende Geplänkel kalt lassen – der Stolz eines Schwejk, der sich notfalls duckt oder dumm stellt, um die Situation unter Kontrolle zu behalten, ist viel effektiver. Wir sollten auch nicht übersehen, welche Kraft in Demut steckt. Respekt vor dem Können anderer, Dankbarkeit für die Bemühungen unseres Umfelds und die moralische Kraft, sich niemals über Schwächere zu erheben, sind Faktoren, die unser Selbstwertgefühl entscheidend prägen. Rebellen und Meuterer sind nur dann am rechten Platz, wenn sie dadurch ihrem Charakter oder einem persönlichen Ideal dienen. Größe drückt sich in Treue zum Selbst aus, nicht im Sieg – denken Sie nur an Mahatma Gandhi, der sich immer wieder demütigte (nicht demütigen ließ!), um seinen Traum eines unabhängigen Indien zu verwirklichen.

Scham und Exhibitionismus

Mit Scham meine ich nicht das Schämen vor körperlicher Entblößung oder Zurschaustellung. Das mögen Sie so halten, wie es Ihnen entspricht. (Aber bitte legen Sie sich nicht mit innerlich hochrotem Kopf nackt an den nächstbesten See, bloß weil's grad so IN ist.) Mir geht es mehr um ein Auftreten, das ich als verschämt, manch anderer eher als besonders höflich oder zurückhaltend bezeichnen würde. Ich glaube, daß wir keinen Grund haben, uns dessen zu schämen, wie wir sozusagen pur sind. Denn die zur Schau getragene Verschämtheit zeugt in allererster Linie von Unreife und Unausgegorenheit. Ich kenne einen Kollegen, der sich täglich hundertmal dafür entschuldigt, daß es ihn gibt. Er würde nie mit mir telefonieren, ohne sich fortwährend zu erkundigen, ob er stört, ungelegen ist oder meine Zeit zu lange beansprucht. Er ›schämt‹ sich auch, alleine irgendwo hinzugehen oder einen Fremden anzusprechen. Er sieht sich als ziemlich wertlos, langweilig, uninteressant und immer nur geduldet. Natürlich ist sein Dilemma, daß seine überpointierte Höflichkeit, sein ›geschamiges Getue‹, allen Leuten ›auf den Keks geht‹. Ich möchte solchen Menschen aber beileibe nicht vorschlagen, sich ›einen Ruck zu geben‹ oder ihre Gebrochenheit zu überspielen; ganz abgesehen davon, daß sie es so hau-ruck nicht könnten, würde es ja nur zu Maskierungen führen. Sinnvoller ist da schon, sich seiner Wertigkeit zumindest geistig zu versichern, etwa durch Nachfragen bei sich und andern, was an diesem Jemand besonders, angenehm oder großartig ist. Sich die Liste dieser Vorzüge in entspannten Situationen einzuverleiben, ist sicherlich ein kleiner Schritt in Richtung Selbstüberzeugung.

Andererseits kann ich an Formen des Exhibitionismus – ich meine damit nicht den pathologischen – keine Identität entdecken. Wer ständig ausstellen muß, was er ist, kann und hat, wie originell und außergewöhnlich er ist, der ist – selbst wenn dem so sein sollte – noch längst nicht bei sich, sondern auf die Spiegelungen derjenigen erpicht und angewiesen, die er vermeintlich um Längen überragt. Allerdings muß ich zugestehen, daß eine gehörige Portion Exhibitionismus, sogar in der Form selbstironischer oder süffisanter Maskierungen, gelegentlich Ausdruck wirklicher Persönlichkeit sein kann – nur braucht es dazu schon fast das Genie eines Salvador Dali, um hinter all der überdrehten Extrovertiertheit noch Identität zu behalten. Wobei es sich dann um die Identität des Kindes handelt, das die Spiele ausschließlich um ihrer selbst willen (also: rein aus sich heraus motiviert) spielt.

Das Herz auf der Zunge…
Sollten wir ein Ziel darin sehen, alles formulieren zu können, mitteilungsbereit und offen zu sein? Sicherlich, denn dabei geht es ja hoffentlich um verbale Äußerungen unse-

162

rer Wünsche, Träume, Hoffnungen, Ängste und Probleme. Es ist ein adäquater Weg (dazu hat der Mensch nun mal seine Sprache), Verständigung und Übereinkunft herzustellen und sich gegenseitig kennenzulernen.

Aber das bedeutet nicht, daß wir uns den Druck auferlegen sollten, ausdauernd auszuplaudern, wo uns der Schuh oder der Fußnagel drückt, unser Herz auf die Zunge zu legen. So schädlich die Maskerade der Geheimnistuerei für die authentische Kommunikation ist, so unsäglich ist auch das Gegenteil, die unverlangte Nölerei, Nörgelei und die Aufdringlichkeit des Querulanten.

Wir sollten in unseren Gesprächen erst überprüfen, ob die Empfänger unserer persönlichen Mitteilungen überhaupt die Fähigkeit und Bereitschaft zeigen, uns ein Feedback zu geben. Mit der großen Klagemauer ist uns nicht geholfen. Und die Verzweiflung eines Jammerlappen ist zum gut Teil gespielt – er fragt nicht nach Antworten, sondern winselt um Mitleidsbekundungen.

Zur Identität gehört ganz sicher, Schwierigkeiten mit sich allein oder Menschen, denen wir hinreichend Vertraulichkeit abverlangen können, auszumachen. Unfähigkeit zur Reflexion oder ›inneren Einkehr‹ ist meist schlichte Bequemlichkeit. Insbesondere wer sich bei Dritten über nicht Anwesende beklagt oder ausheult (das Bild des Mannes, der in der Bar der Bedienung den ganzen Abend von seinen Eheproblemen erzählt, drängt sich hier auf), läuft bloß einer Auseinandersetzung mit den Implikationen der unlustvollen Situation davon. Und noch drastischer sollten wir Klatsch und das ›Maulzerreißen‹ über Leute, die eine Schwäche gezeigt haben, bewerten.

Offenheit schließt eben auch ein, etwas stehen lassen zu können, nicht alles bis zur Unkenntlichkeit zu zerreden und verbale Ersatzbefriedigungen zu meiden. Wer mit Zynismus oder Sarkasmus zu glänzen versucht, sich in Rededuellen verschleißt oder die Furcht vor Handlungen in Witzeleien umsetzt (die schwüle Geilheit der sogenannten

Männerwitze ist so eine Ersatzhandlung), erweist sich nicht als kultiviert oder schlagfertig, sondern als dröger Papiertiger, der der Konfrontation mit der Lebendigkeit seiner Gesprächspartner ausweicht.

Autonomie

Unabhängigkeit ist ebenso ein wesentliches Element von Identität wie letztlich eine Fiktion, ein Trugschluß. Kein Mensch kann auf Dauer ohne die Hilfe, Unterstützung und Arbeitskraft anderer existieren.

Das heißt psychologisch: ich kann versuchen, meinen spontanen Einfällen und Neigungen zu folgen, aber ich bin dem Korrektiv der Partner und der sozialen Instanzen unterworfen und muß aus dem Bewußtsein des Risikos handeln, auf Widerstand und Ablehnung zu stoßen. Die rigorose Anarchie der Gefühle stößt an absehbare Grenzen. Ich kann diese Grenzen ausloten, zu dehnen versuchen, sie im Einzelfall auch überwinden. Aber ich kann sie nicht ignorieren. Unserer ursprünglichen ›A-Sozialität‹ sind nicht nur subjektive (durch die Erziehung) Einschränkungen auferlegt, sondern auch objektive – wir haben einfach nicht das Recht, andere durch unser Handeln zu verletzen.

Die psychologische Forderung: Sei dein eigener Chairman!, (etwa: Bestimme dich selbst!) bedeutet nicht, über Leichen zu gehen, weil uns gerade danach ist. Aber sie berechtigt uns – und insofern muß relative Autonomie unser Ziel bleiben – zu irritieren, Konventionen zu brechen und Forderungen zu stellen, die sich aus unserer Wahrnehmung heraus als einzigartig ableiten. Wir können uns getrost herausnehmen, jede Stimmigkeit, jedes Klischee zu durchbrechen, auch widersprüchlich zu sein – das dürfen und müssen wir uns zugestehen. Wir haben die Pflicht zu einer eigenen Moral – die wir allerdings nicht über die Moral der anderen stellen dürfen.

Ein Beispiel, das mir ein enger Kollege fast als eine Le-

bensbeichte schilderte, mag diese Problematik illustrieren:
»Ich glaube fest daran, daß wir uns der Benachteiligten,
der Menschen im Schatten, im Hintergrund annehmen
sollten – politisch wie persönlich. Und das nicht aus reinem Altruismus, sondern vor allem aus einem ganz egoisti-
schen Motiv: um an der Auseinandersetzung mit diesen
Menschen und ihren Erfahrungen zu wachsen, uns aus
dem Kenntnisstand über gesellschaftliche Ungerechtigkeit
ein tragfähiges Weltbild zu entwickeln. Also habe ich mich
für meine Eskapaden in die Welt meiner Opfer geliebt,
mich an der Güte meiner Taten und der Präzision meines
sozialen Gewissens ein Stück weit aufgerichtet. Ich erlebte
mich als Fighter für die Underdogs und galt meiner Umgebung als moralische Instanz (worin eine erhebliche Belohnung für mich bestand). Ich setzte auch alles darein – um
nicht widersprüchlich zu sein (oder müßte ich aufrichtig
sagen: zu erscheinen?), also kognitive Dissonanzen auszuschließen – umgekehrt Leute zu verachten, die sich im
Dunstkreis von Luxus und Dekadenz bewegten. Es gelang
mir eine Zeitlang wenigstens ganz gut, sie zu hassen (was
bereits Indiz einer eher gewollten als empfundenen Einstel-
lung war). Aber immer mehr schälte sich heraus, daß mich
diese Tänze um das Goldene Kalb der Ästhetik, des Schönen und Kostbaren gewaltig faszinierten, und ich wagte die
ersten Schritte auf diesem Parkett – mit zunehmendem
Genuß.

Ich war verwirrt, zwei widersprüchliche, sich nahezu
ausschließende Welten hatten mich ›gepackt‹ – und es
machte mir wenig Mühe, sie in mein Selbst zu integrieren.
Dafür setzten sich allmählich Menschen aus meiner Umgebung von mir ab, die mit diesen ›Extravaganzen‹ und ›Ungereimtheiten‹ (wie sie es nannten) nicht konform gingen
– die Vertreter der jeweils reinen Lehre hielten mich für
suspekt oder gar gefährlich, besserenfalls für naiv. Das
war der Tribut für meinen Anspruch auf Autonomie: die
Freunde, die ich verschreckte, wandten sich ab.

Aber ich lernte immer deutlicher, daß beide Sphären zu mir gehörten, daß ich auch im Kaschmirsakko Pazifist sein wollte und mir genauso die Freiheit erhalten wollte, einen ›Parvenue‹ zu einer Theaterpremiere mitzuschleifen...« Diese Autonomie, meine ich, ist die Basis jeder Authentizität, jeder Echtheit und Identität: die Lust an den tatsächlichen und scheinbaren Widersprüchen in sich zu behalten, sich nicht zu glätten oder in beliebige Stromlinienformen zu zwängen – sich die ständige Option auf Spontaneität und Wandlung zu sichern.

Sich nicht zuverlässig im Sinne von kalkulierbar zu halten, ist ein Anrecht, das wir unserer Einzigartigkeit schulden, wenn wir uns darin ernst nehmen.

Ich hoffe, Ihnen mit diesen Zielüberlegungen zum Thema Identität hinreichendes Material geboten zu haben, daß Sie Ihre eigene Zieldefinition von Identität formen können, also feststellen, was Sie ganz persönlich als unverwechselbares Wesen erreichen und verwirklichen wollen – welche Charakterzüge, Eigenschaften, Einstellungen und Eigenheiten Ihnen wesentlich und für Ihre weitere Entwicklung notwendig erscheinen. Schreiben Sie diese Ziele ruhig auf ein Blatt Papier, unterteilen Sie sie in solche, die Ihnen unbedingt wichtig sind und solche von eher zweitrangigem Stellenwert – und legen Sie sich einen ungefähren Zeitplan zurecht, bis wann Sie diesen Zielen nähergekommen sein wollen.

Denken Sie auch darüber nach, wie Sie Ihre Fortschritte messen können, ob Sie die einzelnen Ziele ausreichend präzise erfaßt und umschrieben haben – notfalls können Sie einen regelrechten Merkmalskatalog erstellen, woran sich das Ziel verhaltensmäßig ablesen läßt. Dabei geht es nicht um definitorische Brillanz, sondern darum, ob Sie mit den jeweiligen Merkmalen etwas anfangen können.

Im nachfolgenden Kapitel wenden wir uns dem ›Wie‹ der Verhaltensänderung zu.

Der Weg zum Ziel:
schrittweise und konsequent

Wissenschaftlich nennt sich diese Methode ›sukzessive Approximation‹, also allmähliche, schrittweise Annäherung. Was sich auf den ersten Blick so bombastisch-wissenschaftlich gibt, ist beinahe eine Alltagsweisheit. Um ein Ziel zu erreichen, das ich mir setze, rase ich nicht los, bis mir die Puste ausgeht, sondern ich unterteile die Strecke in überschaubare Abschnitte, bewege mich in einer Strategie der angemessenen Schritte.

Dazu muß ich aus meinen grundsätzlichen Zielen Grobziele ableiten, die ich weiter in Feinziele gliedere, Punkt für Punkt und ganz allmählich. Je größer ich die Distanz zwischen den einzelnen Schritten ansetze, um so größer ist auch die Gefahr, vorzeitig zu ermüden, aufzugeben – mich zu frustrieren.

Einige Anregungen zu möglichen Grob- und Feinzielen habe ich für Sie aufgezeichnet: Schritte zum Selbst – beziehen Sie diese Schritte selbstkritisch und phantasievoll auf sich und ergänzen, verändern und verwerfen Sie sie ungehemmt. Aber bleiben Sie bei der Methode, die Erreichung jedes noch so unscheinbaren Ziels vorher zu ›operationalisieren‹, das heißt, exakt zu beschreiben: Das Ziel ist dann erreicht, wenn ich... tue, oder... nicht mehr mache.

Und nun zum Ausschlaggebenden – Sie sollten lernen, jedes Ziel entspannt anzugehen und sich für jede Zielerreichung zu belohnen.

Entspannung finden Sie in konzentrierter Ruhe, etwa auf dem Wege von Meditation, bewußter Atmung in Rückenlage bei ruhiger Musik (Sie geben sich eine für Sie angenehme Tagtraumsituation vor – etwa: auf einem kleinen See dümpeln – und lassen Ihren Assoziationen freien Lauf, genießen die Bilder Ihres inneren Erlebens). Sie können sich auch ausgestreckt auf den Boden legen in bequemer Kleidung und den Elementen Ihres Körpers wohlig nachspüren — der Blutzirkulation in Ihren Füßen, Ihren Beinen, den Händen, Armen, dem Heben und Senken des Brustkorbs, der sich wölbenden und abflachenden Bauchdecke. Nehmen Sie sich Zeit und genießen Sie diese Minuten völliger Ruhe.

Natürlich können Sie auch einen Yoga-Kurs, eine Veranstaltung, in der Autogenes Training vermittelt wird, oder einen bioenergetischen Workshop besuchen, um sich gründlicher mit derartigen Entspannungstechniken vertraut zu machen. Schaden wird Ihnen das allemal nicht und die Zeit ist glänzend investiert.

Eine ergänzende aktive Methode der Entspannung bietet Ihnen die Autosuggestion — etwas ähnliches wie die Formel vom ›positiven Denken‹. Sagen Sie sich immer wieder mit innerer Stimme, was Sie von sich erwarten und wollen, und wie Sie es erreichen werden. Etwa: »Ich werde bei dieser Dummheit meines Partners nicht den Mund halten, sondern meine Verletztheit äußern.« Sagen Sie sich das solange mit aller Gewißheit, bis Sie imstande sind, das angestrebte Verhalten zu äußern. Erinnern Sie sich dabei auch an ähnliche Situationen, die Sie mit vergleichbaren Einstellungen gemeistert haben.

Sie müssen nämlich wissen, daß Masken und Maskierungen ein Flucht- oder Ausweichverhalten darstellen. (Denken Sie daran, wie und warum wir diese Maskeraden anzuwenden gelernt haben.) Dieses Ausweichverhalten ist Ersatz für ein Verhalten, vor dem wir Angst empfinden, mit dem wir Bestrafung assoziieren (wenn ich widerspreche, wendet mein Partner sich ab, geht weg, oder zeigt mir seine Wut durch Brüllen oder körperliche Ausfälle). Diesen Ängsten — in der Fachsprache unterscheidet man reale, also von Fremden nachvollziehbare Ängste und irrationale Phobien (etwa vor Spinnen oder Höhe) — kommen wir am besten bei, wenn wir uns den Objekten, die in uns Ängste auslösen, in ganz winzigen Schritten nähern. In einer solchen Therapie wird man etwa Höhenangst dadurch bekämpfen, daß man den Patienten in eine Entspannungssituation bringt, ihn dann mit Photos, die aus einer Höhenperspektive geschossen sind, konfrontiert, ihn dann verbal oder materiell dafür belohnt, daß er es geschafft hat, sich die Photos (erst kurz, allmählich länger) anzuschauen. Bei der nächsten Sitzung geht man wieder so vor: Entspannung – dann wird vielleicht der Therapeut mit ihm auf einen Balkon im ersten Stockwerk treten – Belohnung. Man steigert von Sitzung zu Sitzung die Aufgabenstellung – bis der Klient auch große Höhen verarbeiten und sich ihnen aussetzen kann. (Natürlich ist der Therapieverlauf meist etwas komplexer und von Rückschlägen gekennzeichnet – aber für uns ist nur das Prinzip wichtig.)

So sollten auch Sie vorgehen: Formulieren Sie die Angstauslöser genau, und begegnen Sie ihnen im Wechsel von Entspannung, Konfrontation und nachfolgender Belohnung. Der ›Trick‹ ist, daß Sie irgendwann, wenn Sie Ihre Ängste abgebaut haben, kein Ausweichverhalten mehr (in unserem Fall: keine Maskierungen) brauchen, sondern ihr ›eigentliches‹ Verhalten äußern können. Denn es gibt keine Möglichkeit der Gleichzeitigkeit von Ausweich- und Zielverhalten. Vielleicht werden Sie sich anfangs ungewollt bremsen, werden hin- und herschwanken, aber letztlich müssen und werden Sie sich entscheiden – zwischen der kurzfristigen Belohnung, die aus der relativen Straffreiheit des Vermeidungsverhaltens resultiert und der langwährenden, befriedigenden Belohnung, Ihr Selbst, Ihre ureigene Persönlichkeit, bruchlos abzubilden.

Abschließend noch ein Wort zum Thema Belohnung: was für Sie besonders angenehm und wichtig ist, ob etwa die materielle Belohnung eines Ausflugs, eines neuen Kleides, oder aber die eher ideelle wie Selbstachtung oder Anerkennung durch geliebte Menschen, müssen Sie für sich entscheiden. Sie sollten nur beachten, daß Sie sich für jedes erreichte Ziel prompt und in dem Umfang belohnen, wie Sie es sich vorher – schriftlich – versprochen haben, bzw. Ihr Partner oder andere Personen Ihrer nächsten Umgebung Ihnen zugesagt haben. Belohnen Sie sich ruhig kräftig und ausgiebig, aber denken Sie auch daran, diese äußerlichen (zusätzlichen, oder extrinsischen Belohnungen) allmählich durch die Freude und den Genuß der innerlichen (intrinsischen, in der Eigenheit der Sache liegenden) Belohnung zu ersetzen, beziehungsweise zu ergänzen.

Und noch ein Hinweis: Am günstigsten sind natürlich Belohnungen, die möglichst genau auf die Behebung von Mangelzuständen einwirken, ›echte‹ Bedürfnisse befriedigen. Also muß eine Art von Belohnung definitiv unterbleiben: die schädliche. Was manchmal auf den ersten Augenschein nicht so recht zu erkennen ist. Ich denke da an die fettleibige Studentin (also in der Maske der Abschottung gegen die ›böse Welt‹ — vermutlich ein Charakter von oraler Fixierung), die nach durchstandener Vorlesung genußvoll ins Kirschtörtchen beißt — diese Belohnung ist zwar leider auch nicht unwirksam für die erhöhte Neigung, fleißig in die Uni zu wandeln, aber wir dürfen ruhig etwas langfristiger und ›vernünftiger‹ denken, wenn wir unsere Belohnungen planen...

Schritte zum Selbst

Nehmen Sie die nachfolgenden Überlegungen als Chancen, ein Selbst zu entwickeln, zu formen, das keiner Maskierung mehr bedarf. Welcher dieser Schritte so oder abgewandelt für Ihr Leben zutrifft, werden Sie am besten spüren. Aber es sind Verhaltensstrategien, die sich psychologisch und im Alltag von Menschen, die ich kennengelernt habe und die eine unverwechselbare Identität ausstrahlen, bewährt haben.

Schluß mit den Giften

Drogen — Alkohol, Nikotin, Koffein, Rauschmittel, Medikamentenmißbrauch — sind nicht nur ab einem bestimmten Maß gesundheitsschädlich, sondern auch psychologische Bremsen. Sie stellen allemal kompensatorische Verhaltenslinien dar, die uns vom Eigentlichen ablenken und unsere Energien in Richtungen weisen, die uns nicht weiterbringen.

Mir geht es gar nicht so sehr um einen Gesundheitskult – der ist ja auch wieder mit Besserwisserei, Messianismus und Pose verbunden. Aber ich halte es für günstiger, daß Sie spontan Ihren inneren Impulsen, Ideen, Einfällen, Sehnsüchten und ›Verrücktheiten‹ folgen, anstatt nach der Flasche, dem Glimmstengel oder auch dem Pralinee zu fingern.

Wir kennen diese resignativen Handlungsfäden doch zur Genüge: Der Tag im Büro war stressig, das Desinteresse unseres Partners verletzt uns – und wir starren schweigend und gekränkt in die Mattscheibe und ›duseln‹ uns einen an – bis wir uns wohlig müde fühlen und ins Bett fallen. Nur: dadurch verändern wir unseren Berufsalltag genausowenig wie die Unzugänglichkeit oder Lieblosigkeit unseres Partners.

Oder: wir fühlen uns alleingelassen, es regnet draußen, wir hocken allein in unserem Apartment und merken in jeder Sekunde, wie uns unsere Einsamkeit stärker erdrückt – da wird die hastige Zigarette und die Tafel Schokolade rasch zum Seelenwärmer oder -tröster. Aber auch hier wäre es gescheiter, unseren ›eigentlichen‹ Bedürfnissen nachzugehen, uns aufzuraffen und Kontakte zu dem zu schließen, was wir wirklich suchen – zu Menschen, die uns etwas zu sagen haben, etwas mit-uns-teilen.

Hören Sie auf, sich zu vergiften – Sie werden sich wundern, welche Energie in Ihnen erwacht, wie Sie den morgendlichen Anlauf schaffen, wie Sie sich insgesamt öffnen. Und was die Sucht angeht – das Handikap liegt bei den meisten von uns nicht in der physischen, sondern in der psychischen Abhängigkeit, und die können wir relativ leicht überwinden, indem wir die Kettenreaktion der Auslöserreize (»Immer in Gesellschaft werde ich rückfällig«,

»Auf Parties muß ich doch einen mittrinken«, »Zum Kaffee brauche ich einfach eine Zigarette«) durchbrechen und schrittweise das giftige Ersatzverhalten durch die Fähigkeit zur Bedürfnisentsprechung ersetzen.

Gewohnheiten abbauen

Ein Sprichwort sagt: Der Mensch ist die Summe seiner Gewohnheiten. Dahinter verbirgt sich ein derartiger Sarkasmus, so viel Misanthropie und Pessimismus, daß einem davon übel wird. Im Gegenteil − der Mensch ist nicht sklavisch an seine Instinkte gebunden, er kann sich lebenslang entwickeln, kann bis ins hohe Alter hinein lernen − er kann neues Wissen und neue Einstellungen erwerben.

Um so wichtiger ist es, mit unseren Gewohnheiten aufzuräumen, sie alle paar Monate auszumisten. Denn jeder Gewohnheits-Ballast, den wir abwerfen, sichert uns ein Stückchen mehr Freiraum und Autonomie. Gehen Sie immer neue Wege, erkunden Sie neue Routen, bleiben Sie neugierig und in der Spannung der Ereignisfreude. Und das im übertragenen wie im Wortsinn: Benutzen Sie auf dem Weg zur Arbeit verschiedene Strecken, nehmen Sie wechselnde Verkehrsmittel, setzen Sie sich im Restaurant oder der Kantine nicht immer zu den gleichen Kollegen, wechseln Sie Ihre Einkaufsorte und Stammlokale, -kinos, -theater. Halten Sie den Tages- und Wochenrhythmus flexibel, gehen Sie ruhig mal um 5 Uhr in der Früh auf Entdeckungsfahrt oder ›sumpfen‹ Sie einige Nächte durch, bis Sie die Nase voll haben und am Spätnachmittag einschlafen. Wann haben Sie die letzte bewegende Bekanntschaft geschlossen? Haben Sie mit Ihrem Partner im letzten Jahr neue Freunde gefunden? Wenn nicht, sind Sie schon fast in lauter Routinen erstarrt, es wird höchste Zeit, etwas dagegen zu tun und sich ein Stück weit zu riskieren.

Sich aushalten

Umgekehrt gehört auch dazu, wieder zu lernen, sich auszuhalten, mit sich allein sein zu können. Schaffen Sie es noch, einen Abend, einen Tag oder gar ein Wochenende mit sich zu verbringen – ohne sich gleich vor den Fernseher, in einen Stapel Illustrierte oder unter die Kopfhörer der Stereoanlage zu flüchten? Oder gehören Sie bereits zu den notorischen Telefonierern, die sich wenigstens per Draht versichern müssen, daß sie einen Ansprechpartner parat haben? Dann übersehen Sie, welche Reichtümer es in Ihnen aufzuspüren gibt. Kramen Sie doch mal wieder in Ihren Erinnerungen, vollziehen Sie Erlebnisse und Menschen nach, denen Sie sich ausgesetzt haben. Fragen Sie sich auch ruhig mal wieder, mit welchen Träumen Sie ins Erwachsenenleben getreten sind, und unter welcher Rubrik Sie die abgelegt oder sogar beerdigt haben. Und selbstverständlich auch, warum das so war und noch ist – es ist nämlich garantiert noch längst nicht zu spät, das Ruder herumzureißen und noch einmal ganz von vorn anzufangen – zumindest was die wesentlichen Dinge angeht, und die sind nicht der Kontostand oder der neue Nerz. Und die Verwirklichung Ihrer Träume liegt auch nicht in fernen Gefilden unter Palmen und Aussteigersonne. Die Liebe, nach der Sie sich sehnen, brauchen Sie nämlich nicht unbedingt unter Rastas oder asiatischen Schönheiten zu suchen, auch nicht in ›erfrischenden‹ Betthüpfereien – Sie können sie bei jedem Menschen wiedererwecken, bei dem Sie sie bereits einmal gefunden haben. Vielleicht ist Ihr Partner mehr Dornröschen, als Sie vermuten, und läßt sich nur zu gerne noch mal wachküssen.

Deshalb forschen Sie in sich nach den Verantwortlichkeiten Ihres Daseins. Sicher gibt es die Schicksalsschläge, die ohne Ihr Zutun losbrechen. Aber für die meisten Fehlentscheidungen, Irrtümer und Blindheiten zeichnen wir ganz allein verantwortlich. Schuld zu projizieren ist ein Mechanismus, den wir leider allzu sehr perfektioniert haben – aber die Reflexion aus dem Abstand der Erfahrung kann unsere ›Betriebsblindheit‹ ganz schön durchlöchern. Schuld sind (fast) immer wir – aber wir brauchen uns dessen nicht zu schämen, solange wir bereit sind, aus unseren Fehlschlägen zu lernen.

Die Treue zu mir

Es gibt einen Menschen, der beim besten Willen nicht verzeihen und vergessen kann – wir selbst. Jede noch so unscheinbare Handlung bleibt in uns gespeichert, als neutrale Erinnerung, angenehmer Rückblick, Schock, seelische Wunde oder Kränkung, und nicht zuletzt als ›Gewissenswurm‹. Daran können wir nichts ändern – erst recht nicht durch Verdrängung, Symptombildung, Überdecken mit Drogen oder Amokläufen. Wir sind wie wir sind und was wir sind, sind Motor, Erfinder und Produkt unserer Lebensgeschichte. Es ist vielleicht nicht einfach, das anzunehmen, vor allem nicht, wenn wir uns auf das ›Recht‹ zurückziehen, doch ›nur‹ der Reagierende gewesen zu sein, aber sobald wir aus der ärgsten kindlichen Abhängigkeit heraus sind, sind wir für alles, was uns betrifft, zumindest mitverantwortlich. Das hilflos-mutlose Ekel, das seine Kinder allabendlich prügelt, ist für seine Handlungen (trotz aller Erklärbarkeiten und entschuldbaren Umstände) verantwortlich. Das Kind ist hier eindeutig Opfer. Aber wenn dieses Kind sich dem Vater auch als Jugendlicher nicht entzieht, sich nicht einem Lehrer oder älteren Freund anvertraut, sondern seine Situation weiter wortlos erträgt, ist es (so grausam es klingt) mit für sein Leiden verantwortlich. Wir können uns nämlich (fast) immer prinzipiell auflehnen, zurückschlagen, oder, wo das nicht möglich ist, wenigstens flüchten – von besonders tragischen Extremfällen immer abgesehen. Vielleicht werden Sie mir erregt widersprechen, weil das Gesagte jeden von uns unangenehm berührt. Aber Sie werden Ihre Meinung ändern, wenn Sie überlegen, ob Hitler bloß ein Tyrann war, dem das deutsche Volk zum Opfer fiel, ob Gegenwehr wirklich unmöglich war, oder ob nicht jeder ausnahmslos mit-verantwortlich für die Greuel des Regimes blieb, wenn auch nur zum winzigen Teil. Die Anmerkungen, wie gefährlich und halsbrecherisch jeder Widerstand damals war, sind sicherlich richtig und nachvollziehbar. Und nicht jedermann ist fähig zum Märtyrertum – aber in dieser Passivität liegt eine Entscheidung, der wir uns nicht entziehen können, für die wir uns verantworten müssen und der wir uns nicht mit dem Gerede von ›innerer Emigration‹ oder der ›Gnade der späten Geburt‹ entziehen können.

Diese Radikalität bei unseren Entscheidungen verlangt unser Selbst von uns. Zu unserer Identität gehört unverzichtbar, zu bekennen und diese Treue zu sich kompromißlos zu erhalten. In früheren Zeiten kannte man den Begriff ›Ehre‹ als Richtschnur für die Fremdbewertung einer Person. Diese Form der Ehre als äußerliche Anerkennung ist für unsere Identität ziemlich belanglos. Aber die Ehre zu uns selbst, das Rückgrat, mit dem wir hinter allem stehen, was wir tun und lassen, denken und fühlen – diese Ehre ist ein Garant für unsere Treue zum Selbst und wir vermögen ihr leicht zu folgen, wenn wir uns vergegenwärtigen, daß wir die übelsten Strafen für uneigentliches Verhalten selbst in der Hand haben: Verzweiflung, Krankheit und innere Leere. Diese Strafen sind weitaus unangenehmer als jede äußere Drohung, denn sie sind zunächst einmal prinzipiell lebenslänglich.

Egoist werden

Bei genauem Hinsehen ist es so, daß Menschen sich nur egoistisch verhalten können. Denn das bedeutet ja nichts anderes, als daß sie sich für die Befriedigung ihrer Bedürfnisse einsetzen, indem sie sich selbst belohnen. Nur kann ich meinem Egoismus ein altruistisches, ›menschenfreundliches‹ Gesicht geben. Ich kann mich für andere aufopfern, weil ich dieses Bewußtsein, etwas Uneigennütziges zu schaffen, angenehm, lustvoll empfinde, oder darauf rechne, durch besondere Hochachtung oder Zuneigung dafür vergütet zu werden. Dagegen ist auch weiter nichts einzuwenden, solange wir uns nicht eine Aufopferung einreden, die stillschweigend Gegenwerte einklagt: »Jetzt habe ich mich jahrelang um dich gekümmert — nun bist du an der Reihe!«

Derartiger Pseudo-Altruismus schadet uns letztlich nur. Wenn wir in Erwartung von Gegenleistung geben, sind Enttäuschungen vorprogrammiert. Dann sollten wir statt dessen die Geschäfte und Bedingungen beim Namen nennen, die wir vorschlagen.

Aber noch heimtückischer für uns sind die Fälle, bei denen wir uns mit dem Vorwand: »Ich will nicht egoistisch sein« (wir meinen dabei fast immer: erscheinen) darum herumdrücken, unsere eigentlichen Absichten herauszulassen. Ein typisches Beispiel: Herr X lädt Frau Y zum Abendessen in ein Restaurant ein, in der Erwartung für seine Aufmerksamkeit erotisch belohnt zu werden. Frau Y zeigt deutlich, daß ihr dieser Deal nicht paßt. Da entdeckt Herr X am Nebentisch die junge Dame Z, die ihm offensichtlich Avancen macht. Da sich Herr X als kultivierter Galan versteht, ist er beileibe nicht so egoistisch, sich etwa kurz an Frau Z zu wenden, um eine anderweitige Verabredung zu treffen. Er leidet still den Rest des Abends dahin und hadert mit der Ungerechtigkeit des Schicksals und seiner formidablen Aufopferungsbereitschaft. Allerdings läßt er Frau Y, nachdem sie das Lokal verlassen haben und sie ihn an der Haustür ›absorviert‹, schon spüren, was er ›ihretwegen‹ verpaßt hat und nun nicht einmal gedankt bekommt (»Sie hätten es sich schließlich doch noch überlegen können«). So hat die Situation schließlich drei Verlierer — Herrn X, der die Chance verpaßt hat, Frau Z wiederzusehen, und sich schwört, nie mehr mit Frau Y auszugehen (obwohl sich aus dem Abend unter anderen Vorzei-

chen eine anregende Beziehung hätte ergeben können).
Weiter Frau Z, die ihren Sympathien keinen Lauf lassen
konnte und wohl nie erfahren wird, ob Herr X ein Partner
ihrer Obsessionen wäre. Und nicht zuletzt Frau Y, die sich
vor dem Einschlafen die Frage stellt, ob sie nicht lieber
Herrn X doch mitgeschleift hätte, wo sie ihm doch vorher
so gründlich ›die Tour vermasselt hatte‹.

Diese traurige Konstellation wäre kaum entstanden,
wenn alle Beteiligten weniger ›rücksichtsvoll‹ gehandelt
hätten und sich zu ihren Wünschen und Absichten bekannt
hätten. ›Falschen‹ Egoismus haben alle gezeigt — Herr X,
der sich davor scheute, als ›stillos‹ dazustehen und wider
alle Anzeichen und Einsicht hoffte, bei Frau Y noch ›fündig‹ zu werden; Frau Y, die, eben als sie die Rivalin be-
merkte, doch ganz kurz ›versehentlich‹ die Hand von
Herrn X streifte und kurz darauf mit dem rechten Fuß an
sein Bein stieß; und Frau Z, die sich nicht traute, mehr als
rasche Seitenblicke zu wagen, um Frau Y keinesfalls zu
einer deutlichen verbalen oder gestischen Reaktion zu ver-
anlassen — und folglich auch unterließ, Herrn X zuzulä-
cheln, wonach ihr ›eigentlich‹ war. ›Richtiger‹ Egoismus
hätte bei Herrn X wohl darin bestanden, sein Problem anzusprechen und Frau Y mitzuteilen, er wolle sich kurz mit
Frau Z unterhalten, weil er sich für sie interessiere. Dann
hätte Frau Y ihn vor eine Entscheidung stellen können —
was sie hoffentlich auch getan hätte (»Gut, aber unterlas-
sen Sie dann auch alle Avancen bei mir« oder »Das würde
mich treffen... [Herr X könnte sich erkundigen warum?]
... weil ich Sie gerne als guten Freund hätte«). Und Frau Z
hätte sich des Mäntelchens der Konvention entledigen,
ganz ›egoistisch‹ auf Herrn X zutreten und ihn auffordern
können — »Rufen Sie mich morgen an?«

Diese Art von Egoismus, als möglichst ungebrochene
Abbildung unserer gefühlsmäßigen Wünsche in ein Verhalten, das ausprobiert, ob wir so mit unseren Wünschen
weiterkommen, meine ich als Element fruchtbarer Identi-

tät. Nicht alles geht, aber vieles, was wir uns nur nicht aus-
zuprobieren trauen – mit dem haltlosen Hinweis, ja bloß
nicht ›egoistisch‹ sein zu wollen.

Nichts gleichgültig erleben
Identität bestimmt sich aus deutlichen Haltungen. Wer
Flagge zeigt und sich nicht windet oder raushält, zeigt in-
nere Stärke. Beziehen Sie Position zu allem und jedem.
Ein Wort sollten Sie allmählich aus Ihrem Sprachschatz
streichen: egal, gleichgültig oder ›wurscht‹.

Denn letztlich gibt es nichts, das uns gleichgültig sein
darf. Nicht woran wir glauben, wogegen wir antreten,
wofür wir einstehen, oder wogegen wir kämpfen. Wenn
Sie keine eindeutige Meinung zur Apartheid in Südafrika
oder zu SDI im Weltraum haben, sind Sie ein bedeutungs-
loser, manipulierbarer Schwamm, der alles in sich willig
aufsaugt, was die Marketingplaner der Mächtigen für Sie
aushecken. Aber genauso entscheidend ist auch, es nicht
›wurscht‹ zu finden, was Ihr Partner gern anzieht oder ißt,
ob die Nachbarin wieder von ihrem Mann mißhandelt wird
oder Ihr Chef einen Ihrer Mitarbeiter maßregelt, weil er
sich mit Ihnen lieber nicht anlegt. Ein ›breiter Rücken‹
bringt Sie nicht weit – er erhöht die Gefahr, sich zu ver-
heddern und steckenzubleiben.

Ständig im Hier und Jetzt
Ein gutes Mittel gegen unsere triste Gleichgültigkeit ist die
Verankerung im Augenblick.

Versuchen Sie stets, im Hier und Jetzt zu leben, nicht
darüber nachzusinnen, was es übermorgen bedeutet, wenn
Sie jetzt Ihrem Chef die Einladung zum Essen ausschlagen.
Sie mögen halt grade nicht – und damit basta. Sich mit zu-
sammengekniffenen Lippen ›um des lieben Friedens willen‹ überreden zu lassen, hilft Ihnen nichts – Sie zeigen un-
terschwellig ja doch, was Sie von der Angelegenheit halten.

Rechnen Sie auch nicht bei jeder Gelegenheit mit der Vergangenheit auf, es gibt weniger ›alte Rechnungen‹, als wir gemeinhin annehmen. Leiten Sie vor allem aus ›alten Geschichten‹ keine Verpflichtungen ab, die Sie aktuell gar nicht eingehen mögen. Es zählt nur, was Sie im Moment sehen und empfinden. Der Ballast des Gestern und die Ausflüchte ins »Morgen werde ich dann«, »Nächstes Jahr wird alles anders«, bis hin zum »Wenn ich erst mal in Pension gehe«, sind unserer Identität nicht förderlich. Wir können nämlich Erlebtes nicht hochrechnen oder Verpaßtes nachholen − wir können nur jeden Tag aufs neue bewußt da-sein und uns über die Aufgaben freuen, die sich uns stellen. Genießen Sie die Annehmlichkeiten des Moments − die Konsequenzen werden erst dann wichtig, wenn Sie als neue Herausforderungen an Sie herantreten.

Eine eigene Sprache finden
Abgedroschene Phrasen passen genausowenig zu einer ausdrucksvollen Persönlichkeit wie eine nichtssagende Körpersprache. In den Medien ist es zunehmend so, daß nicht mehr Allround-Protagonisten (Models, Schauspieler) gefragt sind, sondern Typen.

Type-casting (etwa: originelle Besetzung) nennt sich die Suche nach ungewöhnlichen Gesichtern. Was wir hundertmal gesehen oder gehört haben, vermag uns nicht mehr besonders zu fesseln. Unterstreichen Sie Ihre Einzigartigkeit ruhig durch Extravaganzen und den Spaß an unüblichen Formulierungen. Auch dabei gilt: probieren Sie sich aus − es gibt keine verbindlichen Regeln. Nehmen wir als Beispiel den Dialekt: er dient nicht gerade einer leichteren Verständigung und wirkt in manchen Ohren arg befremdlich oder abstoßend. Aber wenn Sie in einem Dialekt Ihre ›Heimat‹ gefunden haben, ist es allemal besser, ihn als Teil Ihrer Persönlichkeit zu behandeln, als in hochsprachlichen Verdrehungen oder Verstümmelungen zu schwimmen, sich im Imitieren zu verhaspeln.

Aufstehen und Standhalten

Was wir schon unter ›Treue zum Selbst‹ angesprochen haben, möchte ich an dieser Stelle noch ein wenig handlungspraktisch füllen. Lernen Sie, zu widersprechen, um so mehr, je autoritärer man Ihnen begegnet. Setzen Sie sich durch, indem Sie aufstehen (ruhig und körperlich), mit Ihrem Leib und Ihren Augen standhalten. Aber schauspielern Sie dabei nicht. Sicher ist es bei solchen Gelegenheiten von Vorteil, eine dominante Körpersprache zu zeigen (nicht die Augen ›niederzuschlagen‹, nicht die Brust mit den Armen zu schützen, nicht mit den Händen auf Distanz zu weisen, nicht von einem Bein aufs andere zu treten), aber das ergibt sich von alleine, wenn Sie mit der festen Absicht auf Ihren Widerpart zutreten, nicht nachzugeben, einzustehen, sich gleichwertig zu wissen und die Mißbilligungen als das anzunehmen, was sie sind: Hilferufe eines Gegenüber, das sich in die Enge gedrängt erlebt, mit dem Rücken zur Wand argumentiert.

Sie werden erstaunt sein, wie diese Haltung scheinbar naiver Würde entwaffnet. Um so mehr, je deutlicher der andere auf Zweikampf aus ist und aus Erfahrungen der Vergangenheit Überlegenheit ableitet.

Wut und Furcht, Zuneigung und Liebe zeigen

Zum Durchsetzen trägt vor allem auch bei, wenn Sie Äußerungen der Unlust nicht zurückhalten, rückmelden, wenn Sie wütend, verärgert oder verschreckt sind.

Menschen unseres Kulturkreises sind derartige Direktheit in der Kommunikation der ›Meta-Ebene‹ (der kommentierenden Gefühlsebene) nicht gewohnt. Es verstört sie und ›knackt‹ ihre Maskierungen und Charakterpanzer.

Es ist ein psychologischer Irrtum, davon auszugehen, daß das Zeigen von Schwäche besonders verwundbar macht — wenn wir ohnehin wissen, daß wir bei einer Auseinandersetzung unterliegen würden, sollten wir es ruhig zugeben, thematisieren. Da schleppen wir noch eine gehörige Portion animalischer Instinkte mit uns herum – und wie beispielsweise Hunde werden wir einen Gegner, den wir bezwungen haben und der uns die bloße Kehle bietet, nicht totbeißen. Wir werden einen Menschen auch kaum verachten, der zu seinen Schwächen steht, sondern ihn für seine Furchtlosigkeit, Furcht zu äußern, mehr oder weniger heimlich bewundern und achten. Noch einmal sei an das Beispiel Gandhis erinnert.

Aber der schwieriger zu realisierende Anspruch, Gefühle deutlich zu äußern, liegt ohnehin bei den positiven Emotionen wie Zuneigung oder Liebe. Das hängt zum Teil damit zusammen, daß wir jede Unbefangenheit zu diesen Empfindungen verloren haben, sie nur noch verkitscht oder zynisch aufzunehmen bereit sind.

Jeder von uns hat unzählige Episoden bereit, in denen er/sie mit Liebesschwüren und Zuneigungsbekundungen zu Verhaltensweisen gebracht wurde, die wir ›eigentlich‹ nicht wollten. Nur: das ist ausschließlich das Problem unseres ›falschen‹ (mangelnden) Egoismus. Wir haben einfach nicht das Recht, aus unseren – selbst zu verantwortenden – Ent-Täuschungen eine generalisierte Skepsis gegenüber jedermann, der uns Sympathie versichert, abzuleiten. Und noch weniger haben wir das Recht, unseren eigenen liebevollen Regungen zu mißtrauen – Selbstkontrolle als Handlungsunterbrechung ist hier Selbstverleugnung.

Wie sagte mir letzthin Moni, eine durchaus sensible Malerin, als Fazit all ihrer vergeblichen und vergänglichen Lieben: »Ich bin tausendmal auf die Schnauze gefallen, aber ich habe es immer erst hinterher gewußt – und ich falle solange weiter auf die Nase, bis ich die Liebe gefunden habe, die ich will und brauche. Und wenn sie noch so töricht und kindisch und unmöglich ist. Ich will mir nie sagen müssen, ich hätte es nicht inständig versucht. Es ist wie bei diesem Sponti-Spruch ›Du hast keine Chance, also nutze sie!‹. So versuche ich zu der Liebe zu stehen, die ich in mir wahrnehme.«

Zwischen menschlichen Gefühlen gibt es keine Versicherungen und Sparverträge, keine Obligationen und Zinsen — nur den Respekt vor dem DU und dem Wunderbaren, das in uns gedeiht und vorgeht und sich nur bewähren kann, wenn wir es über uns hinauswachsen lassen.

De-Maskierungen

Abschließend möchte ich Ihnen noch einige Vorschläge machen, wie Sie die Fassaden der andern durchstoßen können.

Masken lassen sich nur schwer und unvollkommen ›abschminken‹. Wir können sie nur vom Gesicht reißen. Denn obwohl wir uns unter der Maske wie in einem Gefängnis fühlen, braucht es doch eine fast existentielle Konfrontation, ehe die Fassade bricht.

Solche Schicksalsschläge, die die Maske durch die nackte Fratze des Entsetzens wegwischen, sind uns bekannt — es sind die Momente, in denen unsere Lebenslügen zusammenbrechen wie von Termiten ausgehöhlt. Auf diese ›Augenblicke der Wahrheit‹ haben wir bei Fremden nahezu keinen Einfluß.

Aber wir haben zwei Möglichkeiten, unsere Wahrheiten herzustellen.

Die eine ist Empathie, die direkte, unverschnörkelte Teilnahme an der Existenz der andern. Dazu bedienen wir uns einer ganz simplen Kommunikationstechnik. Wir ersetzen das Sagen durch Fragen — damit rücken wir uns aus dem und das Gegenüber in den Mittelpunkt. Diese Fragen sollten jedoch derart gehalten sein, daß sie nicht suggestiv sind, nicht auf Jas und Neins abzielen, sondern sich um das Warum eines Geschehens oder Gefühls drehen. Und wir erreichen Demaskierung um so leichter (= wir machen es dem andern leichter), wenn wir uns ›ans Eingemachte‹ heranfragen. Etwa: »Liebst du dich?«, »Was willst, was erwartest du von mir?«, »Bist du glücklich?« oder »Wie sehen deine Träume aus?«

Mit solchen Fragen setzen wir ein Signal: ich nehme dich an und ernst – solange du dich als wahrhaft zeigst.

Die andere Möglichkeit der Demaskierung ist eigentlich keine Alternative, sondern eher eine Ergänzung: die prompte Rückmeldung dessen, was ich erlebe und insbesondere sehe. Dieses ›Sehen‹ und ›Wahrnehmen‹ müssen wir allerdings erst wieder lernen. Als Kinder hatten wir diese Intuition im Übermaß, sie wurde uns mit unserer Phantasie zusehends entzogen.

Was ich meine, mag eine kleine Geschichte erläutern, die mir mein Freund Tom kürzlich erzählt hat: »Ich stand in der U-Bahn und lehnte mich an eine Trennwand. Die Bahn war überfüllt und es gab die üblichen Positionskämpfe: Gerangel, Geschubse, aggressive Blicke. Plötzlich fühlte ich, wie sich eine Hand zwischen meinen Rücken und die Trennwand drängte, mich ein wenig nach vorn schob, um in angenehmer Höhe an der Seitenstange Halt zu finden. Diese Dreistigkeit, mich aus einer mir angenehmen Haltung zu bringen, machte mich zornig. Ich drehte mich um, um den Menschen anzufahren, oder ihn zumindest darauf hinzuweisen, daß er mir etwas wegnahm, was ich gerne hatte. Doch als ich die Hand sah, erzählte sie mir schlagartig eine ganze Geschichte: das Leben einer alten Frau, die wenig Vergnügliches erlebt hat, sich mit mehreren Kindern und einem verhärteten Mann abgeplagt hat, die gearbeitet hat, bis sie nicht mehr konnte... ich sah sie auf dem Boden knien und das Parkett besserer Herrschaften schrubben, die sie dafür mit ein bißchen Kleingeld abspeisten und noch ein ›Vergelt's Gott‹ obendrein erwarteten... diese Hände waren aufgeplatzt, chronisch gerötet, fast verknorpelt und die Adern waren pochend herausgetreten. Bei genauem Hinsehn zeigte die Hand auch erste Zeichen von Rheuma und das Beben der Fingerkuppen zeigte die nervöse Übermüdung der Frau... ich trat zur Seite und überließ ihr meinen relativ bequemen Platz.«

Das Bemühen um eine möglichst präzise – aber eben

letztlich intuitive, das heißt phantasievoll mit den augenfälligen Indizien spielende Wahrnehmung hatte es Tom leichtgemacht, nicht als Maske, nicht nach einer Schablone zu reagieren. Er konnte vermittels der Wahrnehmung erfühlen, was nicht sichtbar war – und konnte rückmelden, was er empfand und was ihn als Verhalten befriedigte.

Ähnlich können wir immer verfahren – wahrzunehmen, was uns das Unauffällige verrät, unsere Sinne derart zu trainieren, daß unsere ursprüngliche Intuition wieder zu uns zurückkehrt, um diese Beobachtungen nahtlos widerzuspiegeln und eine Form der Mit-teilung herzustellen, die Maskierungen unmöglich, weil unnötig macht.

Vielleicht geht dann ein Stück mehr von meinem Traum in Erfüllung, gerät meine Phantasie zur Wirklichkeit, daß die Zombies und Chamäleons aus unseren Straßen und Büros, Klassenzimmern und Kneipen, Kaufhäusern und Parks verschwinden und lebendig werden. Lebendig als das, was wir alle ausnahmslos hinter unseren Masken und Maskeraden sind: einzig und unverwechselbar, unersetzlich und voller Bedeutung für jeden, der Nähe zuzulassen wagt...

Eine Vorbemerkung als Nachwort – zum Überlegen oder Überlesen: die Scheuklappen der Psychologie

Das vorliegende Buch befaßt sich mit einer Thematik, der die Psychologie wenig Aufmerksamkeit geschenkt hat. Wer in den geläufigen Fachlexika nachschlägt, wird den Begriff ›Maske‹ kaum finden. Lediglich Wilhelm Reich hat sich in den zwanziger und dreißiger Jahren, nach seiner Loslösung von Freud, mit der ›Charaktermaske‹ bzw. dem ›Charakterpanzer‹ befaßt. Daneben kam in den letzten Jahren allenfalls die Sozialpsychologie auf Phänomene der Camouflage, des standardisierten Rollenspiels zu sprechen. Aber diese Beobachtung von außen, die Vogelperspektive auf die Gruppen und Mengen, ist für dieses Buch wenig hilfreich. Denn hier interessiert nicht nur das Maskenspiel, das wir als ewig ermüdendes Ritual betreiben, sondern die Ursache, Wirkung und Veränderung dieses Verhaltens.

Insofern liegt auch eine spezielle Ausrichtung in der psychologischen Betrachtungsweise dieser Arbeit zugrunde. Die Schulpsychologie, als um wissenschaftliche Standards bemühte Lehr- und Forschungsdisziplin, hat sich seit Freuds Hysteriestudien immer wieder um Erscheinungen der Krankheit und Abweichung gedreht. Die Methode war kasuistisch (die Einzelfallbeschreibung). Der Gegenstand aber war Devianz (soziale Auffälligkeit).

Die behavioristische Psychologie nach Skinner verfuhr beobachtend, experimentell, als Beschreibung wiederholbarer, standardisierbarer Vorgänge bei Lebewesen. Der Mensch wurde zur Summe seiner isolierten Verhaltensweisen. Er wurde als Objekt der Erkenntnis sogar durch Tierexperimente ersetzbar.

Gegen die eingeengte Brille der psychoanalytischen Fallstudie, besonders jedoch gegen die biologistische und aussageschwache ›Fliegenbeinzählerei‹ der Verhaltenspsychologie entwickelten sich die Schulen und Richtungen der Humanistischen Psychologie, etwa die Gestalttherapie, Adlers Individualpsychologie, Bernes psychologischer Pragmatismus, das Psychodrama oder Lowens Bioenergetik – um nur die wichtigsten zu nennen. Aber ihnen gemeinsam blieb die Ausrichtung auf Behandlung des Individuums. Seine Funktionsfähigkeit wieder herzustellen blieb – mehr oder weniger ausdrücklich – Ziel der Therapie. Sicherlich wurde der Patient in diese Zielfindung einbezogen, aber er blieb ›Fall‹. So bleibt auch die Humanistische Psychologie letztlich an der unterschwelligen Ausrichtung an Devianz und Reintegration orientiert. Die Psychologie kommt nicht aus der Ecke eines gesellschaftlichen Agenten zur ›Reparatur‹ sozialer Defizite auf der Folie des einzelnen heraus. Der Patient ist neurotisch, schizoid, depressiv, paranoid, oder was auch immer. Er wird in der Anamnese (Voruntersuchung) mit einem Etikett (Bezeichnung des Zustands, der Krankheit, Einordnung ins jeweilige Raster) versehen. Dann wird analysiert, therapiert, an der körperlichen Struktur gearbeitet, Symptome werden gelindert oder zum Verschwinden gebracht – je nach der Erfolgsaussicht des ›Falles‹ tritt Besserung oder Heilung ein. Das Individuum ist wieder-hergestellt, funktionsfähig, vermeintlich zufrieden. Die Summe der Erfahrungen mit und an den ›Fällen‹ wird per empirischer Addition und intellektueller Schlußfolgerung zu wissenschaftlicher Erkenntnis – die Psychologie kommt voran; leider im wesentlichen im Kreis.

Nach meiner Überzeugung ist in einer Zeit und Gesellschaft, in der keine allgemeinverbindliche Ausrichtung an Werten und Zielen mehr feststellbar ist, in der jede Norm suspekt sein muß, die Verantwortung nicht länger zu binden vermag und Moral längst zur Floskel herabgewürdigt hat, jeder psychologische Ansatz an Devianz äußerst fragwürdig geworden. Ohne einsichtige Maßstäbe ist Normalität, Gesundheit, Krankheit oder Glück lediglich individuell faß- und erlebbar. Der Fall ist kein endgültiger Maßstab mehr. Seine Betrachtung beliebig. Gleichzeitig ist die Psychologie immer weniger als Handwerk (Reparaturagentur) sinnvoll und muß sich immer eindeutiger als Kunst begreifen. Kunst meint dabei, den Patienten nicht länger als Objekt zu begreifen, sondern als Co-Regisseur in der Inszenierung eines Werkes, das den Lebensplan des Betroffenen meint.

In diesem Sinne fußt das vorliegende Buch auf einer Psychologie, die den Betroffenen als Regisseur seines Selbst und gleichzeitig als Hauptdarsteller auf der Bühne seines Lebens ansieht, den Psychologen und seine individuelle Erfahrung als dramaturgischen Berater mit einem möglichst umfänglichen Überblick über die Spielpläne und Stücke (Lebenskonzepte, Krisen, Leidensformen) und den Aufbau von Handlung. Sinn und Aufgabe ist nicht die bloße Spiegelung der Patientenerfahrung, nicht der stellvertretende Urteilsvollzug, auch nicht das synthetische Setting einer Gruppe. Vielmehr wird die Identität des einzelnen erkundet – nicht forschend, sondern im gestaltenden Spiel. Subjektivität wird so radikal wie möglich gewahrt. Lebensvollzug ist nicht Methode, sondern Kunst.

Für dieses Buch bedeutet das: Fallbeschreibungen können lediglich den Stellenwert von Anregungen oder Illustrationen einnehmen; ähnlich bliebe das Referieren empirischer Untersuchungen bloßes Bemühen um Bedeutung oder wissenschaftliche Anerkennung. Statt dessen sollen Reflexion, Subjektivität, Frage und Begegnung im Vordergrund stehen. Die Menschen, die hier zu Wort kamen, sind – dies mit Nachdruck – keine Fälle, sondern Persönlichkeiten auf dem Weg zu ihrer Identität.

Literatur

Ich möchte nicht all dem zuwiderhandeln, was ich auf den letzten zweihundert Seiten geschrieben habe, und mir jetzt noch auf den letzten Drücker den Anschein besonderer wissenschaftlicher Redlichkeit und Akribie und allzu weiser Belesenheit verpassen.

Wenn ich etwas unmittelbar als Ausführung eines Autors übernommen habe, habe ich im laufenden Text bereits darauf verwiesen.

So möchte ich an dieser Stelle nur noch sagen, mit welchen Autoren ich mich bei den Vorarbeiten zu diesem Buch besonders ausführlich, gerne und fruchtbar beschäftigt und auseinandergesetzt habe. Die anderen, an dieser Stelle nicht namentlich genannten, mögen mir nachsehen, daß ich hier an meine Leser denke und weniger an das wissenschaftliche Ritual, jeden auch noch so abseitigen Beitrag aufzuführen, in den man bei der Recherche einmal kurz die Nase gesteckt hat.

Wirklich weitergebracht haben mich die Arbeiten der folgenden Autoren, die ich damit auch zur weiteren Lektüre empfehle: Die Romane von Jorge Amado, Elsworth F. Baker, Werner Faber (mit seinen Arbeiten über Martin Bubers Dialogtheorien), Genet mit seinen Dramen und Schriften, Erich Fromm, Erving Goffmann, Ronald D. Laing, Alexander Lowen (speziell seine Titel ›Lust‹ und ›Körperausdruck und Persönlichkeit‹), Hilarion Petzolds Übersichtsbände über die Schulen der humanistischen Psychologie (›Wege zum Menschen‹, Bd. 1 u. 2), Sartre und Wilhelm Reich. Außerdem danke ich all denen, die mir durch Anregungen und die Gelegenheit zu persönlichen Interviews beim Schreiben dieses Buchs geholfen haben.

Unbedingt möchte ich dieses Buch jemand ganz Besonderem widmen: meinen Eltern, die mir durch ihr Beispiel die Gewißheit vermittelt haben, daß man ungestraft lieben darf.

Über den Autor

Dr. Rolf Bönnen studierte u. a. Psychologie, arbeitete mehrere Jahre als Hochschuldozent und Gruppentrainer, bevor er sich als Autor, Schauspieler und Regisseur der künstlerischen Arbeit widmete. Gegenwärtig integriert er seine psychologischen und künstlerischen Erfahrungen in die Konzeption und den Aufbau eines Instituts für ›Identity Development-Coaching‹ in München.

PSYCHO

*Die Heyne-Taschenbuchreihe „Psycho"
bringt ein breites Spektrum von Themen zwischen
Grundfragen der Psychologie einerseits
und praktischer Lebenshilfe andererseits.*

HEYNE BÜCHER
HEYNE
TASCHENBÜCHER
Die eigene
Persönlichkeit entdecken

Mimik, Gestik, Körperhaltung und Farben spielen im Umgang mit Menschen eine wichtige Rolle: durch sie werden Machtverhältnisse, Sympathie und Abneigung signalisiert. „Stumme Äußerungen" verraten viel über die eigene Persönlichkeit – und die der anderen.

22/215

19/5

22/206

17/14

Wilhelm Heyne Verlag München